KB121581

존 스튜어트 밀

박홍규 지음

존 스튜어트 밀

인물과
사상사

엘리트 자유주의와

제국주의의

기원을 찾아서

왜
지금
밀인가?

존 스튜어트 밀John Stuart Mill, 1806~1873은 『자유론』이라
는 책으로 유명한 자유주의자다. 그에 대해 좀더 관심이
있는 사람이라면 그의 『자서전』을 읽었을 것이고, 그 책
에 나오는 3세 때부터 받은 천재교육에 대해서도 알 것
이다. 나아가 페미니즘에 조금이라도 관심이 있다면 그
가 여성 해방론의 고전인 『여성의 종속』을 썼고, 영국에
서 실제로 여성 투표권이 인정되기 59년 전에 남녀 투
표의 평등을 주장했음도 알 것이다.

게다가 최근에는 『위대한 정치』라는 제목으로 한국 정치가와는 차원이 근본적으로 다른 밀의 위대한 정치 활동을 찬양하는 책도 나왔으니 그를 위대한 정치가로 아는 사람도 있을 것이다. 이 책의 저자가 말하듯이 밀의 생애와 사상을 '성실함과 진지함에 대한 향수'라고 이해하는 사람도 있을 수 있다.

그러나 밀이 엘리트만의 자유주의를 주장하고, 금수저 여성들의 해방만을 주장했으며, 그런 국내 정치의 원칙과 마찬가지로 국제 정치에서도 엘리트 선진국이 후진국을 식민지로 삼아 지배하고 착취하는 것을 지극히 당연하다고 보았다면, '성실함과 진지함에 대한 향수'는 웃기는 헛소리가 되고 '자기도취와 위선의 악취'만을 풍기고 말 것이다. 인도든 조선이든 어디든 제국주의 침략이라고 하는 것은 극악무도한 약탈과 착취에 불과하고, 그것은 뿌리 깊은 인종차별과 비윤리적인 냉소주의를 수반한 뻔뻔스러운 위선으로 정당화되었다. 이 책은 그런 비판적 관점에 서는 것이지만, 밀을 그렇게 단순하게만 볼 수는 없다고 주장하는 사람도 많을 것이다.

그렇다. 밀은 우리 시대에도 교훈을 준다. 무엇보다도 밀은 사상의 자유를 특히 중시한 자유주의자다. 그의 주장에 의하면 국가보안법을 두고 있는 한국을 자유(주의) 국가로 보기는 힘들 수도 있다는 점을 나는 강조하고 싶다. 심지어 그는 동성애의 자유도 주장했다. 호주제 따위는 상상도 못할 정도의 남녀평등도 주장했다. 그런 점에서 밀의 자유주의 사상은 지금 여기에서도 여전히 미완성이라는 점에서 중요하다. 그러나 밀의 '위대한 정치'를 찬양하는 사람들은 그런 점을 강조하지 않는다. 내가 보기에는 그 점이 가장 중요한데도 말이다.

　　따라서 밀을 존경해 그를 따르는 자유주의자라면 당연히 국가보안법이나 동성애, 호주제에 반대해야 할 것이다. 물론 19세기 인도에는 자유가 필요 없고 독재만이 필요하다고 주장했듯이, 지금 한국도 19세기 인도와 같은 수준이어서 독재만이 필요하다고 본다면 더는 할 말은 없지만 말이다. 그러나 아무리 밀을 좋게 본다고 해도 그렇게 말할 수 있을까?

　　우리와 같은 국가보안법이니 동성애니 호주제니 하

는 문제가 없는 오늘의 영국이나 여타 선진국 사람들에게는 밀이 현대적 의의를 갖는다고 보기 어렵다. 그래서 영국 옥스퍼드대학 교수를 지낸 존 그레이John Gray가 "20세기를 특징짓는 거대한 힘들을 제대로 예견하지 못했던 전형적인 빅토리아 시대의 사람"으로 "지금 우리들을 난감하게 하고 있는 힘든 딜레마들을 해결함에 있어서 밀의 사상이 도움이 될 것이라고 기대할 수는 없"지만, "우리들에게 가르쳐주는 것은 아무것도 없다는 것을 대부분의 밀 연구자들은 받아들이려 하지 않는다"고 한 말이 충분히 이해된다.

특히 한국의 연구자들이 밀에게서 배울 것이 별로 없는데도 그렇다. 나아가 존 그레이가 밀의 "편협한 합리주의와 비현실적인 낙관주의를 극복하지 못하고" 『자유론』의 리버테리언적 제안 외에는 그의 이론이나 제안 대부분이 적절하지 못하다고 한 비판도 옳다고 생각한다. 여기서 리버테리언libertarian이란 '자유지상주의'라고 번역되기도 하고 '아나키즘'과 같은 것으로 여겨지기도 하는데, 그 중심 내용은 법률적 도덕주의와 국가 가부장주의에 대한 비판이다. 나도 존 그레이의 밀에 대한 평가에 동의한다.

밀의 자유주의는 선거에서 엘리트에게 일반 시민보다 많은 가치를 인정해주자고 주장한 불평등한 것이기도 해서 우리가 믿는 평등의 민주주의 원리에 반하는 것이었다. 그는 엘리트가 일반 시민을 이끌어야 한다고 보았다. 그렇다고 일반 시민을 '개돼지'라고 할 정도로 최소한의 '성실함과 진지함'조차 갖지 못하는 '개돼지'가 아니라 '배고픈 소크라테스'라고 자처했지만(밀은 당대 최고 월급을 받았으니 배고프다고는 할 수 없지만. 그런데 밀이 한 말은 '만족해하는 돼지보다도' '불만을 느끼는 소크라테스가 낫다'는 것이었고, 소크라테스는 평생 그리스 민주주의에 불만을 느끼고 스파르타의 전제주의를 찬양했다), 한국에서도 여전히 존재하는 엘리트주의를 밀도 분명히 갖고 있었다.

그런 엘리트주의야 훨씬 오랜 역사를 갖는 것으로 동양의 공자나 서양의 플라톤까지 거슬러 올라가는 것이다. 하지만 19세기의 자유주의자나 민주주의자라고 자처하면서 엘리트주의를 그토록 뚜렷이 주장한 사람으로는 밀을 꼽아도 좋을지 모른다. 그와 쌍벽을 이루는 사람으로 프리드리히 빌헬름 니체Friedrich Wilhelm Nietzsche가 있지만, 니체는 초인이니 뭐니 하면서 처음부터 자유주의와 민주주의를 거부한 자라서 아예 비교 대상이 될 수 없다. 한국에서는 니체를 하늘처럼 떠받드는 사람이 너무나 많지만 말이다.

이처럼 밀은 사상의 자유를 비롯한 모든 자유는 기본적으로 엘리트에게만 인정되는 것이라고 보았다. 그래도 명색이 철학자로서 19세기 영국에서는 당대의 아리스토텔레스(아리스토텔레스도 엘리트주의자임이 틀림없지만)로 불린 만큼 그런 말을 노골적으로 하지는 않았다. 그러나 식민지에 대해서는 명확하게 그렇게 말했다. 당시 영국의 가장 큰 식민지였던 인도에서는 자유가 인정될 수 없고 전제 독재가 당연하다고 본 것이다. 따라서 인도의 자유를 열망해 그의 『자유론』을 읽은 인도인들은 당연히 배신감을 느꼈다.

그런 밀이 20세기 전반까지 살았더라면 일본의 식

민지였던 조선에 대해 자유는 인정될 수 없다고 주장했을지도 모른다. 그리고 우리가 경제적으로 발전한 것을 일제 덕분이라고 말할지도 모른다. 아니 분명히 그러했을 것이다. 그는 35년간 인도를 지배한 총독부인 동인도회사(밀 자신이 『대의정부론』에서 말하듯이 오늘날의 회사와 달리, 그 최고위직은 인도 총독이고 밀을 포함한 고위직은 영국 왕이 임명한 국가기관이었다. 따라서 그곳에서 35년간 고위직에 근무한 밀이 퇴직한 뒤 3년간 하원의원을 지낸 것 외에는 '공직'을 맡지 않았다고 『여성의 종속』 번역서에서 해설한 것에는 문제가 있다)의 영국 본사에 고급 간부로 근무하면서 자신을 비롯한 영국인들 덕분에 인도가 영국 지배 이전의 불행을 극복하고 제대로 굴러가서 너무나도 행복하다고 철석같이 믿었기 때문이다.

그의 사상인 공리주의는 '최대 다수의 최대 행복'이라는 것인데, 당대 세계에서는 영국이 '세계 최대의 식민지'를 지배해 모든 인류에게 '세계 최대의 행복'을 주고 있다는 점에서 그야말로 행복의 시대였고 자기야말로 그것을 위해 평생을 바친 세계 최고의 행복 창조자라고 생각했다. 꼭 그래서는 아니겠지만 그는 철저한 무신론자였다. 마찬가지로 천재인 자기를 비롯한 엘리트들이 국민에게 '최대 다수의 최대 행복'을 줄 수 있다고도 생각했다.

밀은 17세였던 1823년에 동인도회사에 들어가 52세인 1858년 동인도회사가 인도 지배에서 손을 뗄 때까지 근무했다. 아마 동인도회사가 그대로 인도를 지배했더라면 죽을 때까지도 근무했을 것이다. 그러면 50년을 근무한 셈이 된다. 물론 그렇게 생애의 4분의 3 정도를 근무하지는 않았지만 평생토록 그의 생각은 전혀 변함이 없었다. 아니 태어나 3세부터 제국주의자인 아버지 제임스 밀James Mill에게서 소위 천재교육을 받는 과정에서부터 그런 생각을 가졌으니 거의 평생 철저한 제국주의자였던 셈이다.

영국인인 그의 아버지는 인도 식민지 지배에 대한 최대 최고의 고전적 저술인 『영국령 인도의 역사』를 1806년부터 쓰기 시작했는데, 바로 그해에 밀이 태어났다. 이 책은 11년 뒤인 1817년에 출판되었고 2년 뒤인

1819년 그는 동인도회사에 취직했다. 이어 4년 뒤에는 그의 장남 밀이 그 회사에 들어갔다. 제임스 밀은 1836년 죽을 때까지 17년을 근무했다.

당시 대영제국의 시대에는 누구나 당연히 제국주의자였을 것이니 지금 와서 그 점을 특별히 문제 삼아서는 안 된다는 주장도 있다. 심지어 그런 것은 영국인의 본성이라는 주장도 있다. 가령 조지 버나드 쇼George Bernard Shaw는 영국인이 무엇을 원하면 절대로 그렇게 말하지 않고 대신 '자기가 원하는 것을 소유하는 사람을 정복하는 것이 도덕적이고 종교적 의무라는 강렬한 신념'이라고 주장했는데 그것이 영국인만의 특징일까? 모든 침략국 인간의 민족성 같은 것이 아닐까?

영국인이 아니면서도 영국의 식민지 침략을 정당화한 사람은 많았다. 그 대표적인 사람이 카를 마르크스Karl Marx다. 그는 영국이 인도를 완전히 파괴하고, 아시아에서 서구 사회의 토대를 구축해야 한다고 주장했다. 이는 그의 공산주의 혁명 사상만큼이나 파괴적인 주장이다. 그는 조선에 대해 쓴 적이 없지만, 만일 썼다면 마찬가지로 썼을지 모른다. 조선을 완전히 파괴하고 서양 나라를 세우라고 말이다. 나는 교조적 마르크스주의자가 식민지 근대화론자나 전통 부정론자나 서구주의자로 변하는 것을 많이 보았는데, 사실은 변한 것이 아니라 그 본질은 변함이 없이 얼굴색만 조금씩 바뀐 것임을 몰랐다.

그러나 그런 자들만 있었던 것은 아니다. 밀의 스승격인 제러미 벤담Jeremy Bentham을 비롯해 반제국주의자였던 사람도 많았다. 우리가 사는 21세기에도 이런저런 종류의 사람이 있듯이 말이다. 사실 밀의 제국주의는 엘리트 자유주의의 연장선에 있는 것이었다. 사실 밀이 거의 평생 근무한 동인도회사는 런던에 있는 부자 권력자들이 공유한 회사로 그들의 관심은 오로지 돈을 버는 것이었다. 따라서 그들에게는 엘리트 선진국이 '개돼지' 후진국을 지도 편달하는 제국주의가 당연히 신이 내린 사명과 같은 것이었다. 평생 그들을 엘리트 자유주의와 제국주의로 옹호한 밀보다 훨씬 앞서서 자유주의와 제국주의의 기원이라고 할 수 있는 자가 많았지만, 이 책의 부제를 '엘리트 자유주의와 제국주의의 기원을 찾아서'라고 붙인 이유는 그 때문이다.

앞에서 밀을 '위대한 정치'를 한 사람으로 보는 책이 나왔다고 했다. 그러나 밀의 조국인 영국에서도 그를 '위대한 정치'를 한 사람이기는커녕 정치가라고 보는 사람을 본 적이 없다. 백과사전을 아무리 뒤져보아도 그런 언급을 본 적이 없다. 그렇다고 해서 이 책을 쓴 한국인 정치학자의 학문을 의심하는 것은 아니다. 밀이 한 차례 하원의원을 지낸 적이 있기 때문이다. 1865년 가을부터 3년간이었고, 그다음 선거에서는 낙선했다. 한국에도 학자인 사람이 국회의원으로 활동하는 경우가 간혹 있지만, 단 한 번 그렇게 했다고 해서 '위대한 정치'를 했다고 평가하는 책을 본 적은 없다. 물론 밀이 3년간 '위대한 정치'를 했다고 평가할 수도 있겠지만, 국내외에서 그런 평가를 하는 경우는 거의 보지 못했다.

굳이 정치 운운하려면 나는 밀이 평생을 두고 근무한 동인도회사의 활동이야말로 '위대한 정치'로 보아야 하는 것이 아닌가 하고 생각한다. 사실 밀은 무엇보다도

밀은 '성실함과 진지함'으로 동인도회
사를 평생직장으로 자부하며 아버지
를 이어 인도를 잘 지배했고, 인도를
비롯해 비서양 세계를 문명화시켰다
고 자부했다. 1870년경의 밀.

'동인도회사 직원'이나 '제국주의자'로 불려야 마땅한 사람이고, 그런 점에서 '위대한 정치'를 했다고 평가될 수도 있다. 물론 그렇게 평가하는 사람은 19세기 동인도회사 직원 동료이거나 지금까지도 동인도회사 향수에 젖어 사는 제국주의자일 것이다. 그러나 『위대한 정치』의 저자는 밀의 동인도회사 근무에 대해 그런 평가를 내리지 않는다. 그가 밀의 동인도회사를 보는 관점은 먹고 살기 위한 직업 정도로 보인다. 내 주변에서 흔히 보는 교수들, 즉 평생 교수를 하면서 지방대학 학생들의 수준을 탓하며 수업에는 전혀 관심이 없이 하루나 이틀만 지방에 머물고 나머지는 자기 집과 진정한 학문이 있다는 서울에서 보내는 사람들과 같이 말이다.

물론 '성실함과 진지함'을 갖고 있는 밀은 그 정도로 타락하지 않아서 나름으로 보람을 느낀 평생직장으로 자부하며 아버지를 이어 인도를 잘 지배했고, 미개 야만의 인도를 비롯해 비서양 세계를 문명화시켰다는 자부심을 가졌다. 마찬가지로 그런 조선총독부 일본인 직원이 얼마나 많았을까? 그 직원 중에는 유명한 철학자가 없었을까? 역시 일본은 영국보다 수준이 낮아서 조선총독부에는 칼을 찬 '개돼지'만 우글거렸을까? 오호, 애재哀哉라! 영국 총독부인 동인도회사에는 밀과 같이 '성실함과 진지함에 대한 향수'를 불러일으키는 '위대한 정치'가 있었는데 일제에는 그 위대한 자유의 사상가가 없었구나! 그러했다면 지금이라도 그런 향수에 젖어 밀을 본받으면 한국에도 '위대한 정치'가 가능했을 텐데! 참으로 안타까운 일이로고!

여하튼 나는 이 책에서 밀에 대해 모든 것을 쓸 수 없다. 나는 이미 밀의 『자유론』과 『자서전』을 번역하면서 그 두 책의 해설에서 밀에 대해 해야 할 기본적인 이야기는 다했다. 따라서 이 책에서는 부제처럼 '엘리트 자유주의와 제국주의의 기원을 찾아서'라는 문제의식에 초점을 맞춰 밀의 생애와 사상을 다루도록 하겠다. 그러나 그 점에 초점을 맞춘다고 해도 밀의 생애와 사상에 대한 설명으로는 앞의 두 권의 책에 쓴 내용과 불가피하게 중복되는 부분이 있을 수밖에 없음을 독자들에게 미리 양해를 구한다.

물론 그 두 권의 책에 쓴 것은 '옮긴이 해설'이어서 밀에 대한 본격적인 비판이 아니었으므로 이 책의 내용과는 많이 다르다. 혹시 그렇게 비판할 것이라면 왜 굳이 책을 번역했느냐고 꾸짖을 독자가 있을지 모르겠다. 그러나 제대로 된 비판을 위해서는 원전을 정확하게 읽어야 한다. 대상을 모르고 비판만 할 수는 없다.

차
례

대영제국과
산업혁명

1997년 홍콩이 중국에 반환되었다. 소위 대영제국의 마지막 식민지가 역사에서 사라진 것이다. 홍콩은 1842년 대영제국의 절정기에 벌어진 아편전쟁의 결과 중국에서 영국이 빼앗아 150년을 지배한 땅이었다. 대영제국 자체는 수십 년 전에 없어졌으나 홍콩 반환은 다시 그 악몽의 식민지 착취의 역사를 돌이켜주었다. 대영제국 최초의 식민지는 엘리자베스 1세 시대(1558~1603)에 침략한 아일랜드였다. 이어 스코틀랜드가 1세기에 걸쳐

통합되었다. 그 뒤로 대서양과 인도양을 넘는 '해가 지지 않는' 대영제국으로 확대되었다.

20세기에 들어와 '제국'이라는 말의 인기가 없어져 1930년대부터는 '영연방英聯邦'이라는 이상한 말로 불렸지만, 그 내실은 전혀 변하지 않았다. 대영제국이 지구상에서 없어지기 시작한 것은 1947년 인도가 독립할 때였다. 이어 1960년대에 아시아와 아프리카의 식민지가 대부분 독립해 근대 400년에 걸친 대영제국은 지구상에서 없어졌다. 그런데 그 400년은 전반 200년의 융성과 후반 200년의 쇠퇴라고 볼 수 있다. 그 두 시기를 구분하는 계기는 1775년에 시작된 미국독립전쟁이었다.

이른바 근대 이후 인도에 처음 온 사람은 영국인이 아니라 1498년 캘리컷Calicut에 온 포르투갈인인 바스코 다가마Vasco da Gama였다. 이어 1510년 아폰수 드 알부케르크Afonso de Albuquerque가 인도의 서쪽 해안에 있는 고아Goa를 탈취해 포르투갈 동양 제국의 수도로 삼은 이래 인도의 여러 지역을 무역의 요충지로 삼았다. 그들은 고아 등에 힌두 사원을 금지하고 이단 종교 재판을 도입함과 동시에 국제결혼을 통해 포르투갈에 충성하는 인도인을 양성했다. 그러나 그 잔인한 지배는 1세기 뒤에 실패로 끝났다.

이어 16세기 말 네덜란드인들이 포르투갈인들을 내쫓고 인도에 들어와 무역을 했다. 그리고 1600년 동인도회사를 설립한 영국인이 들어와 포르투갈과 치열한 싸움을 벌였고 이어 프랑스인들과도 대결했다. 1674년 봄베이Bombay(현재 뭄바이Mumbai)로 거점을 옮긴 뒤부터 영국의 지위는 점점 강하게 되었지만, 1700년까지도 영국인은 인도를 지배한 무굴제국의 신하에 불과했다. 영국이 프랑스를 물리치고 인도를 독점하게 된 것은 18세기 후반이었다. 그때 영국은 아메리카를 잃었지만, 인도에서 실질적인 지배권을 확립했다.

영국은 새로운 정책을 만들어 인도에서 시행했다. 그 중심에 선 사람이 밀의 아버지 제임스 밀이었다. 제임스 밀을 중심으로 자유무역 사상을 갖고 잇던 공리주의자들은 1813년 동인도회사의 무역 독점을 폐지시켰을 뿐 아니라 다른 모든 분야에서 서양의 우월성과 무한

18세기 영국에서 시작된 산업혁명은 역사를 완전히 뒤바꾸는 계기가 되었으며, 지배 계급 · 부르주아 계급 · 노동자 계급이라는 새로운 사회구조와 경제구조를 만들어냈다. 산업혁명 당시의 공장.

한 진보에 근거해 그들에게는 미신의 나라에 불과한 인도뿐만 아니라 세계를 개조해 지배하고자 했다. 제임스 밀은 그 이론적 근거로 『영국령 인도의 역사』(1817)를 썼다. 그러나 '영국의 세력 팽창의 역사'에 불과한 이 책을 제대로 된 인도의 역사서라고 보는 사람은 적어도 인도에는 아무도 없었다. 1818년 이후 동인도회사의 인도 영토는 영국이 지배했으므로 그때부터 '영국의 인도 제국'이라고 말한다. 즉, 영국의 인도 지배가 확립된 것이다.

세계사를 조금이라도 공부한 사람이라면 18세기 영국에서 시작된 산업혁명이 역사를 완전히 뒤바꾸어 지금 우리가 사는 자본주의 시대가 시작되었음을 알 것이다. 산업혁명은 1770년부터 면직, 철, 탄광에서 시작되어 19세기 초반까지 제1단계의 전성기에 들어갔다. 산업혁명 이전의 세계는 농업이 중심이었는데, 18세기부터는 공업이 중심이 된 것이다. 그러니 산업혁명을 엄밀히 말하면 공업혁명이라고 해야 한다. 산업혁명은 새로운 계급인 부르주아와 프롤레타리아를 만들어냈다. 그 전의 농업사회는 귀족사회로 귀족이 소유하는 토지를 중심으로 한 경제구조였다. 이와 달리 공업사회는 각각 상류, 중류, 하류에 해당되는 지배 계급, 부르주아 계급, 노동자 계급이라는 돈에 근거한 새로운 사회구조와 경제구조를 만들어냈다.

19세기 초, 노동을 할 필요가 없는 상류계급은 전 인구의 2퍼센트 정도로 귀족, 젠트리gentry, 지주나 신사의 계급으로 구성되어 전체 토지의 3분의 2를 차지했다. 중류계급은 3분의 1 이하, 하류계급은 3분의 2 이상이었다. 상류계급은 국교도이자 토리당을 지지했으나 중류계급은 대부분 비국교도로 휘그당을 지지했다. 반면 하류 노동자는 농촌에서는 상류계급처럼 국교도이자 토리당을 지지했으나, 도시에서는 중류계급처럼 비국교도이거나 무신론자로 휘그당을 지지했다. 밀은 중산층에 속했지만 하류층이 아니라 상류층을 지향했다. 밀은 그러한 계급적 한계를 벗어나지 못했다.

밀이 살았던 빅토리아 시대에는 우리에게 『오만과 편견』 등 주로 상류층 결혼 이야기로 유명한 제인 오스틴Jane Austen도 있고, 구두쇠 스크루지 영감이 나오는

『크리스마스 캐럴』이나 『올리버 트위스트』로 알려진 찰스 디킨스Charles Dickens도 있으며, 가난한 농촌의 여성 이야기인 『테스』를 쓴 토머스 하디Thomas Hardy도 있다. 밀은 오스틴보다 디킨스와 같은 시대에 살았지만, 그의 책을 읽어보면 디킨스나 하디가 아니라 오스틴의 소설을 읽는 기분이 든다. 즉, 하류층이 아니라 중류층의 분위기가 느껴진다.

여하튼 영국이 공업화에 앞장섰기 때문에 최선진국으로 군림해 '해가 지지 않는' 대영제국이라는 이름으로 세계를 지배했다. 18세기까지 농업이 중심이었던 중국이나 인도는 물론 세계 대부분의 사람은 제국주의 영국이나 그 뒤를 이은 프랑스나 독일이나 미국 등의 식민지나 준식민지로 전락했다. 그리고 그런 세계의 변화를 재빨리 알아챈 일본이 영국 등의 제국주의를 열심히 배워 조선을 침략해 35년간 식민지로 우리를 지배했다.

우리는 우리를 침략한 일본을 나쁘다고 말하지만, 그렇게 말하는 경우 세계를 침략한 영국이나 프랑스도 나쁘고, 어쩌면 그런 제국주의 침략의 원흉이라고 하는 점에서 더욱 나쁘다고 해야 한다. 제국주의가 초래한 이익은 영국인 모두에게 미쳤지만 직접적으로 가장 중대한 이익은 당연히 하류층이 아니라 중상류층의 것이었다. 따라서 밀이 제국주의자인 것도 어쩌면 당연했다.

밀은 일본이 조선을 침략하는 것을 보지 못했으나 그 후배들은 보았다. 시드니 웨브Sidney Webb와 비어트리스 웨브Beatrice Webb 부부는 영국 사회주의 운동을 지도한 사람들로 1911년 여름부터 가을까지 조선을 비롯한 세계 일주 여행을 했는데, 10월 말의 일기에서 비어트리스 웨브는 다음과 같이 썼다.

"조선인들은 타락한 불쾌한 사람들이라는 인상을 받았다. 병합 이후 일본은 1년에 2~300만 파운드의 비용을 조선의 상황 개선을 위해 투하했으나, 가장 낙관적인 관리조차 조선 통치가 자족적인 상태가 되기에는 10~20년도 부족할 것이라고 생각하고 있다. 우리가 생각하기에 이는 선견지명을 갖는 에너지 발휘의 뛰어난 예이다.……일본인은 조선인의 문명화에 정말 성공할 것인가? 아니면 일본인은 단지 조선을 식민지화할 뿐,

주민들을 원시 상태로 둘 것인가?"

　제임스 밀이나 밀이 일제의 조선 침략을 보았다면 똑같이 말했을 것이다. 그들은 영국의 식민지 지배를 당연시했듯이 일본의 조선 침략을 당연시할 것이다. 조선에 가기 전에 웨브 부부는 일본에 머물렀다. 그들이 쓴 일기에 의하면 일본은 남녀 모두 열심히 일하고 통치기구는 매우 효율적으로 기능하며 학교와 교통·통신 시설이 잘 발달된 에너지가 넘치는 나라, 즉 영국과 똑같은 선진국이었다. 반면 조선이나 중국은 형편없는 후진국으로 일본의 지배를 받는 것이 당연했다.

스미스와
벤담

지금 우리가 '바보야, 문제는 경제야'라고 하듯이 공업 생산의 발달은 경제에 관한 관심을 불러일으켰다. 따라서 경제학이 하나의 학문 분야로 등장했는데, 그 기원은 애덤 스미스Adam Smith가 쓴 『국부론』(1776)이었다. 이 책은 우리말 번역본으로 1,200쪽이 넘는 방대한 책이지만, 그중에서 특별히 문제된 것은 분업에 대한 설명이었다. 즉, 어떤 물건을 생산할 때 그 과정을 여러 단계로 나누고 각 단계를 전문 기술자가 담당하면 생산이 더욱

증가된다는 것이었다. 그 뒤 이는 공장에서 대규모로 적용되어 엄청난 생산 증가를 가져왔다.

애덤 스미스가 상품 생산과 관련해 주장한 노동 분업이 다른 지적 분야에서도 거의 비슷할 정도로 퍼졌다. 즉, 19세기에 와서 학문도 산업화되었다. 그래서 세상이 생산 증가에 집중됨에 따라 철학도 생산 증가에 기여할 듯한 공리주의가 인기를 끌게 되었다. 공리주의는 프랜시스 허치슨Francis Hutcheson이 1725년에 주장했다. 그는 선은 쾌락이고 악은 고통이라고 하면서 고통을 제거하고 남는 쾌락의 양이 가장 많은 상태가 인간이 도달해야 할 최고 상태라고 했다.

그러나 공리주의를 체계적으로 완성한 사람은 제러미 벤담이었다. 그는 여러 분야에 관심을 가졌지만, 가장 중요한 것은 법이라고 여겼다. 그리고 사회를 가능한 한 최선의 상태로 끌어올릴 수 있는 법을 연구하기 위한 기초학문이 윤리학이라고 보았다. 그의 주된 관심은 법이었고 클로드 아드리앙 엘베시우스Claude Adrien Helvétius와 체사레 보네사나 베카리아Cesare Bonesana Beccaria를 중요한 선배로 인정했다. 그는 법 이론을 통해 윤리와 정치에도 관심을 가졌다.

벤담은 60세가 된 1808년까지는 급진주의자가 아니었다. 그는 부끄러움을 너무 많이 탔고, 여러 권의 책을 썼지만 출판하려고 하지 않았으며, 그의 책은 친구들이 호의로 사주었다. 그들은 사회개혁과 교육에 관심이 많아서 교회의 권위와 사회 지배층의 특권에 반대한 점에서 당시에는 급진주의자들이었고 그중에서 공격적인 무신론자도 많았다. 특히 벤담은 교육에 관심이 많았다. 영국에는 대학교가 옥스퍼드대학와 케임브리지대학밖에 없었고, 거기에는 공인된 국교도 신자만이 입학할 수 있었다. 그래서 벤담은 1825년 런던에 유니버시티칼리지를 세워 종교 시험 없이 누구나 입학하게 했고, 대학 내에 교회도 두지 않았다.

벤담의 공리주의란 utilitarianism의 번역이다. utility란 효용성이나 유용성 또는 실리를 뜻한다. 특히 공리주의가 무엇보다도 실제의 이익을 강조했으니 도리어 실리주의라는 말이 적합하다고 생각된다. 물론 실리주의

제러미 벤담은 공리주의자라는 말
을 처음 사용했고, 인간이 욕망하
고 행동하는 유일한 근거는 '쾌락
의 추구와 고통의 회피'라고 말했
다. 따라서 인간은 본질적으로 이
기주의자라고 했다.

라고 하면 고상한 철학의 일종으로 보기에는 대단히 황당할 것 같기도 하지만, 사실 철학이 뭐 별것인가? 실리주의라는 말이 싫으면 효용주의나 유용주의라는 말을 써도 무방한데 역시 철학의 이름치고는 어색할까? 여하튼 utility가 공리주의의 핵심이라는 점을 분명히 알 필요가 있다.

공리주의자라는 말은 이미 1815년에 벤담이 사용했다. 벤담은 인간을 신의 창조물로 보는 기독교에 반대해 인간이 욕망하고 행동하는 유일한 근거는 오로지 '쾌락의 추구와 고통의 회피'이고, 따라서 인간은 본질적으로 이기주의자라고 보았다. 그리고 그 유용성의 원리를 사회에 적용한 것이 '최대 다수의 최대 행복'인데, 그것이 사회를 지배하는 법의 원리라고 주장했다.

벤담은 전통적인 사회계약설이 불합리하다고 비판하고, 미국과 프랑스의 혁명가들이 내세운 자연법 이론을 '과장된 난센스'라며 반대했다. 그는 유용성의 원리에 기초한 국가는 그러한 허구가 필요하지 않다고 보면서, 국가는 지배자에게 복종하는 습관을 가진 대다수 사람으로 한정된 하나의 편리한 고안품에 불과하고, 법을 그 지배자의 의지나 명령으로 보았다. 그리고 법적 처벌은 문제가 되는 행동이 야기한 고통에 대한 공리주의적 계산에 의해 결정된다고 여겼다.

벤담은 영국 법의 최대 결점인 일관되지 못하고 변덕스러우며, 전문 용어들이 착취와 궤변을 위한 방패막이에 불과한 것이라서 시정되어야 한다고 생각했다. 또 유용성의 원칙에 따라 법을 단 한 권의 책으로 압축할 수 있고, 유용성으로 무장한 시민은 법률가의 전문 지식에 의존할 필요가 없다고 말했다. 또한 원형감옥panopticon을 만들면 죄수를 유용하게 통제할 수 있다고 보았다.

벤담은 식민지와 사형제에 반대한 사람으로도 유명했다. 그러나 밀은 식민지와 사형제에 찬성했을 뿐 아니라 적극적인 추진자이기도 했다. 벤담이 식민지에 반대한 이유는 그것이 무도한 침략이어서가 아니라, 식민지가 경제적으로 무가치하다는 생각에서였다.

위대한
아버지와
망각된
어머니

———————

한국에 밀의 평전은 하나도 출간되어 있지 않지만, 그의 『자서전』은 이미 몇 번이나 번역되었으니 그의 생애를 아는 데에는 크게 부족한 점이 없다. '자서전'이라는 걸 쓰고 난 뒤에 오래 사는 사람도 있지만, 죽기 전 5년 동안 쓴 이 책이 1873년에 출판되어 이 책을 통해 우리는 그의 생애 대부분을 알 수 있다.

밀의 생애는 보통 3기로 구분된다. 즉 성장, 위기, 성숙이다. 이는 밀이 『자서전』에서 1840년대 이후를 '나의 정신적 성장의 제3기'라고 부른 것에서 비롯되는 것인데, 앞의 두 시기는 위기가 찾아온 1826년 전후를 말한다. 밀은 68년을 살았다. 이 3기에 각각 해당되는 연령대는 성장이 20세까지, 위기는 34세까지, 성숙은 34세부터 68세까지다.

『자서전』에서 밀은 자신에게 조기교육을 베푼 아버지 제임스 밀에 대해서는 한국식 효도의 차원에서도 극심하다고 할 정도의 엄청난 존경심을 보인다. 하지만, 어머니 해리엇 밀Harriet Mill에 대해서는 일언반구도 하지 않는다. 밀은 19세기 초반에 남녀평등을 주장한 선구적인 페미니스트였으므로 남존여비의 차원에서 어머니를 무시한 것은 아니었다고 생각된다. 그는 『자서전』 초고에서 아버지가 '잘못된 결혼ill assorted marriage'으로 불행했다고 썼으나, 초판에서는 이를 삭제했다. 그 밖에도 초고에는 어머니에 대한 비판적 언급이 나오지만 뒤에 모두 삭제되었다. 그 정도가 어머니에 대한 최대한의 배려라면 배려겠다.

사실 거의 실업 상태의 남편을 내조하며 자녀 9명을

키워야 했던 그의 어머니가 뛰어난 학자인 아버지의 반려로서는 부족할 수 있었겠지만(대부분의 사람이 그렇게 인정하지만), 어머니에 대한 밀의 냉담은 우리로서는 이해하기 어렵다. 어머니가 자신의 결혼을 반대한 탓에 어머니에 대한 언급이 없게 되었다고 보는 견해도 있지만, 그 점도 쉽게 이해되지 않는다. 처음에 밀의 결혼에 반대한 어머니는 아들이 결혼한 후에는 아들과 화해하기 위해 엄청난 노력을 했지만 밀은 죽을 때까지 어머니를 멀리했다.

어머니는 밀이 결혼하고 3년 뒤에 사망했는데, 당시 밀은 아내와 함께 프랑스 여행 중이어서 임종을 보지 못했다. 외국 여행 중이 아니었다면 어머니의 임종을 지켰을까? 밀이 얼음같이 차가운 인간이라는 것을 어머니나 형제자매만큼 절실하게 느낀 사람들이 또 있을까? 특히 그의 극단적인 아버지 존경과 친구 존중과 비교하면 더욱 그렇다. 부모가 아무리 못난 사람이라도 부모는 가장 소중한 사람이라고 생각하는 나로서는 도저히 이해할 수 없다.

밀은 아내인 해리엇 하디를 자기 이상으로 지적으로 뛰어난 천재라고 칭송을 마다하지 않았고, 아내가 죽은 뒤 묘지 부근에 작은 집을 짓고 지냈을 정도로 아내를 사랑했다. 밀과 해리엇.

반면 밀은 어머니와 같은 이름(해리엇 하디)인 자신의 아내에 대해서는 극단적인 찬양을 쏟아냈다. 그것도 그냥 아름답다거나 현모양처라거나 하는 정도가 아니라 자기 이상으로 지적으로나 활동적으로 뛰어난 천재 운운 하는 것이어서 너무나 놀랍다. 그녀도 밀의 어머니처럼 교육을 제대로 받지 못했고 대부분의 사람은 밀처럼 그녀를 그렇게 생각하지도 않았음에도 말이다. 그러니 밀은 조기교육을 받은 자기보다 아내를 더욱 뛰어난 천재라고 극진히 모신다. 이 부분도 아내 자랑을 팔불출이니 하는 동방예의지국의 사람으로서는 읽기가 몹시 불편하다.

사실 밀의 아내인 해리엇 하디Harriet Hardy가 밀이 말하는 정도로 뛰어난 여성이었는지에 대해서는 학자들 사이에서도 논쟁이 있다. 하지만, 그녀가 죽은 뒤 묘지 부근에 작은 집을 짓고 그녀가 죽은 호텔 방의 가구를 사들여 매년 몇 개월씩 그곳에서 지냈으며 결국 그곳에서 죽어 함께 묻혔을 정도로 그는 열부熱夫였다. 아무튼 아내에 대한 찬양은 어머니와 반대로 『자서전』에 무수히 나오므로 독자들이 읽고 판단할 일이다. 그 밖에도 밀은 자신이 알았던 사람들에 대한 묘사는 거의 공식적이라고 할 정도로 찬양조여서 객관성을 의심할 정도다. 그러나 어떤 인간이나 책이나 완벽할 수는 없다. 현명한 독자라면 가려서 판단할 필요가 있겠다.

제임스 밀은 스코틀랜드 출신이었다. 그의 아버지, 즉 밀의 할아버지는 농민으로 작은 가죽공장을 경영했으나 지적이지는 않았다. 조금은 극성인 할머니는 장남인 제임스 밀을 출세시키려고 노동 대신 공부를 시켰다. 제임스 밀은 부잣집의 배려로 에든버러대학 신학부를 졸업하고 전도사가 되었으나, 목사가 되지 않고 신학을 포기했다. 그 이유는 악으로 가득한 세계가 선을 갖고 있는 신에 의해 창조되었다고 믿을 수 없었다는 것이다. 지금은 이런 생각을 대단히 상식적이라고 볼 수도 있지만, 당시 기독교가 지배한 영국이나 유럽에서는 종교적으로는 물론 정치적으로도 대단히 위험한 생각이었다. 부모가 기독교 신자인 한국인 집안에서도 아들이 그런 생각을 하기는 어렵지 않은가?

제임스 밀이 7년간 다닌 에든버러대학을 비롯한 글래스고대학 등 당시의 스코틀랜드 대학들은 당대의 옥스퍼드대학이나 케임브리지대학과 같은 잉글랜드 대학이 정치적 보호와 종교적 편견에 젖은 중세적 암흑의 분위기였음에 비해 상당히 자유로운 계몽적 분위기였다. 특히 에든버러대학에는 유명한 계몽주의 학자가 상당수 모여 있었다. 제임스 밀은 그들에게서 진보적인 학풍을 접했다. 이는 그가 대학도서관에서 빌린 책에 애덤 스미스의 『도덕감정론』이나 장 자크 루소Jean Jacques Rouseau의 『에밀』 등이 있었던 점으로도 알 수 있다. 특히 스미스의 제자들에게서 깊은 영향을 받았다.

애덤 스미스의 영향은 그 뒤 제임스 밀이 런던에서 만난 데이비드 리카도David Ricardo를 통해 더욱 깊어졌으나, 벤담의 공리주의 영향도 있어서 사상의 변화를 맞았다. 그러나 스미스의 도덕철학, 즉 인간성을 중심으로 정치 · 경제 · 사회 · 문화 등을 종합적으로 파악하고, 사회 발전을 법칙적으로 파악한다는 기본 태도는 평생 유지했고, 이는 아들 밀에게도 그대로 계승되었다.

밀의
조기
천재교육

제임스 밀은 1805년 해리엇 밀과 결혼했으나, 1819년 동인도회사에 취직하기 전까지 일정한 직업이 없이 저술과 가정교사로 어렵게 살았다. 밀은 1806년 5월 20일 런던 부근에서 태어났다. 제임스 밀은 밀이 태어난 지 3년 뒤에 경제학자이자 철학자로서 공리주의 시조인 제러미 벤담을 만나 가장 충실한 벤담 학파의 일원이 되었다.

그는 벤담이나 프랑스 유물론자와 같이 인간을 자연물로 보고, 동물학·생물학·물리학의 방법에 따라 인류에 대한 체계적인 연구는 견고한 경험적 기초 위에서 확립될 수 있으며, 또한 그렇게 되어야 한다고 생각했다. 마찬가지로 인간은 과학적이고 합리적으로 교육되어야 한다고 생각해 그렇게 교육받지 않은 다른 아이들과 놀지 못하게 하고 아들 밀을 3세 때부터 자신이 교육시켰다.

여기에서 벤담의 백지설theory of the tabula rasa이 중요한 기여를 했다. 이는 르네 데카르트René Descartes의 고유관념설에 반대한 존 로크John Locke의 경험주의 인식론의 출발점이다. 인간은 태어날 때의 정신이 아무런 선입관념이나 지식을 갖지 못한 백지와 같다는 것이고, 따라서 좋은 교육을 하면 좋은 지식을 갖게 된다는 교육론을 낳았다. 그래서 3세부터 5세까지 그리스어와 그리스어로 쓰인 고전, 8세부터 라틴어와 라틴어로 쓰인 고전, 9세까지 대수학과 프랑스어, 12세까지 논리학을 습득하게 했다.

밀이 받은 천재교육은 소위 영재교육의 전형으로 유명한지 모르겠다. 우선 그것은 아버지의 사상적 확신에서 나온 것이고, 아버지가 극단적인 가난 속에서도 오로지 자신이 행한 것과 교육의 대부분이 고전 읽기와 질의응답이었다는 점에서 우리 주변에서 말하는 3세 때부터 각종 학원 돌리기 등으로 시작하는 엉터리 천재교육이나 짝통 영재교육과는 전혀 다르다. 그러니 『정치사상사』를 쓴 조지 세이빈George Sabine이 밀의 교육을 "독단적인 주입식 교육과 가장 극단적인 교육의 '강제'에 맡겨졌다"고 말하는 점에는 문제가 있다.

아버지는 밀에게 자연과학과 고전을 중심으로 공부시키되, 벤담이 인간을 바보로 만든다고 본 종교나 형이상학, 특히 시는 전혀 가르치지 않았다. 아버지는 셰익스피어에 대해서도 부정적이었지만 존 밀턴John Milton과 월터 스콧Walter Scott만을 높이 평가해 그들의 작품을 읽도록 했다. 그리고 예술로서는 유일하게 음악을 가르쳤다. 그 결과 밀은 12세에 이미 보통 30세 이상에야 가능한 지식을 습득했다. 밀은 자신이 받은 교육 가운데 자신에게 가장 큰 혜택이었고, 정확한 사상을 낳는 데 가장 중요한 것으로 논리학을 꼽았다. 15세에 경제학·역

밀은 어려서부터 경제학·역사학
·철학·자연과학을 배웠고, 벤담
의 책을 읽으며 인생의 목표에 대
한 통일적 관념을 형성했다. 그중
에서 자신의 사상을 낳는 데 가장
중요한 것으로 논리학을 꼽았다.

사학·철학·자연과학을 배웠고, 벤담의 책을 읽으며 사물과 인생의 목표에 대한 통일적 관념을 형성했다.

그러나 밀의 천재교육에는 무엇보다도 엘리트주의 가 나타나는 점을 주목해야 한다. 이는 밀이 어려서부 터 플라톤의 『대화편』에 심취한 것에서 단적으로 볼 수 있다. 밀의 가장 유명한 저서인 『자유론』은 프랭크 터너 Frank Turner가 『예일대 지성사 강의』에서 말하듯이 "매 우 특별한 사람, 그러니까 사회에서 살아가는 천재의 자 유를 보호하는 데 집중했다". 터너가 말하듯이 밀은 천 재만이 인간성을 향상시킬 수 있다고 믿었고, 그들의 자 유를 보호하려는 의도로 자유를 지지했다. 즉, 일반인의 자유를 위한 것이 아니다.

그런데 밀은 누가 천재인지는 말하지 않는다. 『자서 전』을 보면 천재는 자신과 아내와 아버지뿐인 듯하다. 이는 니체가 초인을 말하면서도 누가 초인인지를 말하 지 않는 것과 같다. 그래서 니체의 책을 읽는 독자는 누 구나 자신이 초인이 되는 것같이 착각해 니체를 존경하 게 되지만 니체는 대부분의 인간을 경멸했다. 밀도 그런 니체와 크게 다르지 않다.

밀은 만년에 '세인트앤드루스대학 취임사'에서 개화된 지식인들이 여론 형성을 바르게 이끌어 다수의 횡포에 의한 개성의 소멸을 막아야 한다고 하면서 무지한 대중은 그런 지식인들의 "우월성을 인정하고 그들의 지도를 따를 준비가 되어 있어야 한다"고 했다. 이어 교육은 다수를 위한 것이 아니라 그런 대중을 이끌 엘리트를 위한 것이라고 했다. 이러한 주장은 밀의 소논문을 모은 『논설과 토론』제1권 다음의 말과 같다.

"위대한 사람들을 위한 교육이 있다. 이것은 무지한 대중들이 아닌 뛰어난 감수성과 능력을 지닌 개인들을 길러내는 것을 목적으로 한다. 그렇게 교육받은 사람들은 그들의 동포들을 도덕성, 지혜로움, 공공의 선과 같은 인류의 위대한 덕목들로 안내해야 한다. 이를 위해 여가를 누릴 수 있는 계층의 사람들을 교육하고, 그들이 자신들의 유덕함을 스스로 실천하면서 살 수 있도록 해야 한다."

나아가 밀이 가장 좋아한 과목이 고대 역사, 당연히

고대 그리스사와 로마사였다고 하는 점을 주목해야 한다. 지금도 서양의 고대사는 물론, 세계의 고대사 부분에서 가장 중요하게 다루어지는 그리스사와 로마사는 사실상 비서양 사회에 대한 서양의 침략사였다. 그리스·로마의 역사와 함께 밀의 어린 시절을 지배한 또 하나의 역사는 아버지가 쓴 『영국령 인도의 역사』였다. 밀은 이 책의 집필 과정을 보면서 성장했다. 아버지는 이 책의 퇴고와 복사를 아들에게 맡겼다.

그 과정을 통해 이 책의 내용은 밀의 피가 되고 살이 되었다. 밀의 출생과 함께 시작된 이 책은 밀이 11세 때 완성되었다. 그리고 이는 밀이 17세 이후 52세까지 35년간 인도를 지배한 행정기관인 동인도회사의 간부로 살아가는 토대가 되었다. 이 사실은 서양인들이 쓴 책에서도 강조되고 있는데, 지금까지 한국인은 물론 일본인이나 중국인에 의해서도 전혀 주목되지 못했음은 동양인의 서양사대주의가 얼마나 극심한지를 잘 보여주는 사례다.

이러한 천재교육이 갖는 문제점은 두말할 필요도

없이 사회교육이나 실천교육을 결여한다는 점이고, 어쩌면 '인조인간'을 만드는 것과 다름없는 것이었다. 그러나 밀의 천재교육이 주입식 암기의 영재교육이 아니라 스스로 독서하면서 요약과 비판을 하고, 아버지와의 질의응답을 통해 이해력을 더욱 깊이 하는 방식이었던 만큼 인조교육이라고 할 수 없었다. 도리어 개성 교육이라는 점에서는 진취적이었다고 평가할 수도 있다. 밀이나 아버지도 문제점을 느꼈는지, 1819년 아버지가 동인도회사에 취직한 다음 해, 밀은 처음으로 외국에 나가 프랑스 몽펠리에대학에서 강의를 듣고 최초로 친구를 사귀는 등 참된 사회생활을 경험하는 변화, 특히 자유를 맛보았다.

영국의 공리주의를 대표하는 벤담은 제임스 밀과도 친해서 이미 교육을 통해 밀에게 벤담의 공리주의가 당연히 영향을 미쳤으리라고 생각된다. 그러나 밀 자신에게 공리주의가 명확하게 확립된 것은 1821년 프랑스에서 돌아온 뒤부터였고, 특히 16세 때(1822년)부터 벤담의 집에서 격주로 친구들과 모여 토론하고 밀 스스로 공리주의자라고 부른 이후부터라고 할 수 있다.

밀도 벤담의 영향을 받아 유용성을 최대 행복이라고 생각했다. 즉, 인간의 행동은 행복을 증진시키는 유용성의 정도에 따라야 옳다는 것이었다. 가령 사형은 그것이 사회적으로 유용한지, 참된 억제력이 있는지에 따라 판단되어야 하지, 그 자체를 두고 옳고 그르다고 판단할 수 없다고 했다. 민주주의도 자연권에 대한 신념이 아니라, 그것이 좋은 국가를 갖게 하는 유일하게 확실한 방법이라는 이유에서 옹호했다. 특히 공리주의자들은 군주정치보다도 귀족정치를 더욱 혐오했는데, 그것이 국교회와 법률가 계급에 의해 조장되고 있기 때문이라고 보았다.

엘리트
자유주의와
제국주의의
시대

여기서 잠깐, 밀이 평생을 살았던 영국 런던으로 가보자. 우리에게도 영화로 잘 알려진 노팅힐Notting Hill은 영국 런던 중심부에서 그다지 멀지 않다. 노팅힐에서 지하철 한 정거장 거리인 켄징턴Kensington에는 1680년대에 만들어진 켄징턴 스퀘어가 있는데, 그곳 18번지에 밀이 살았다는 현판이 붙어 있다. 지금은 런던 중심가로 땅값이 매우 비싼 곳이지만, 밀이 살았던 시기에는 과수원과 맨션이 있는 시골 마을이었다.

1836년에 사망한 아버지 제임스 밀의 묘가 있는 캔징턴 교회도 그곳에 있다. 그 옆에는 광대한 켄징턴 가든이 있고, 그 한쪽에 빅토리아 여왕의 남편이었던 앨버트 공Prince Albert의 기념비와 함께 음악당 앨버트 홀과 빅토리아 앨버트 박물관과 자연사박물관, 왕립음악대학과 왕립미술대학 등이 있다. 그 위로 지금도 왕족이 사는 켄징턴 궁전이 있는 켄징턴 가든이 있고, 그 옆에 하이드파크가 있다. 켄징턴 궁전 앞에는 빅토리아 여왕의 동상이 있다.

밀이 35년간 근무한 동인도회사의 런던 본부인 '이스트 인디아 하우스'는 소위 '대영박물관' 부근의 레든홀Leadenhall 스트리트에 있었는데, 지금 그곳에는 세계적으로 유명한 '로이드 해상보험회사'의 본사가 있는 로이드빌딩Lloyd Building이 자리하고 있다. 17세기에 창립된 로이드 보험회사는 보험의 상징이라고 한다.

밀의 집에서 조금 걸어가면 '코먼웰스 인스티튜트'라는 거대한 건물이 나오는데, 인스티튜트라면 보통 연구소를 생각하지만 이 건물은 거대한 텐트 모양의 전시관이다. 코먼웰스Commonwealth도 복리나 공익을 뜻하기도 하지만 대영제국을 말한다. 그러니 '대영제국 전시관'을 말한다. 제국을 복리나 공익이라고 했다니 정말 대단한 제국주의다. 그 건물의 원래 이름은 '제국 전시관'이라는 뜻의 '임페리얼 인스티튜트'였다가 식민지가 대부분 사라지기 시작한 1958년에 지금의 이름으로 바뀌었다.

'코먼웰스 인스티튜트'에는 인도 등의 정복 식민지는 물론 호주 등의 백인 이주 식민지의 역사를 한눈에 보도록 전시되어 있는데, 그 취지는 대영제국의 영광을 상기시키고 그 식민지들이 지금까지 존재하는 것은 오로지 영국 덕분이라는 점을 주지시키기 위한 것임을 알도록 하는 것이다. 나는 일본 도쿄에 이런 전시관이 있는지 없는지 모르지만, 있다고 해도 영국의 그것처럼 노골적이지는 않을 것 같다. 일본이 영국보다 나은 나라여서가 아니라 한국이나 중국과 같은 주변 국가들의 항의를 견디지 못할 것 같아서 그러했을 것이다. 그러나 영국은 다르다. 영국은 아직도 제국이다. 그 건물처럼 영국인은 아직도 대부분 제국주의자다. 정치가는 물론 언론인이나 학자도 그렇다. 그러니 일반인들도 마찬가지다.

영국에는 그 전시관 말고도 대영제국을 찬양하는 비슷한 전시관이 수없이 많다. 소위 '대영박물관'이라는 제국주의적 번역어가 통용되는 '브리티시 뮤지엄'도 마찬가지다. 그래서 영국이라는 나라는 제국주의자가 아닌 사람에게는 마음이 불편하다. 우리가 일본이 아니라 영국의 식민지였다면 코먼웰스 인스티튜트에 우리도 전시되었을 것이다. 그것은 생각만 해도 끔찍하다. '최고의 문명국'이라고 자부하는 영국의 '세계 문명화의 사명'에 의해 '미개 야만'으로 규정된 우리를 문명화했다고 할 테니 말이다.

그런 터무니없는 자부심은 영국에서도 19세기에 생겼다. 그것은 윌리엄 존스 경Sir William Jones과 같은 오리엔탈리스트들의 호의적인 인도관, 즉 인도 고대문명의 업적을 유럽에 소개하고 인도가 적어도 과거에는 고도高道의 문명국이었음을 인정한 것에 대한 반발에서 생겨났다. 『베다Veda』와 같은 심오한 종교철학이나 『샤쿤탈라 Sakuntala』와 같이 우아한 문학을 비롯해 고대 그리스·로마에 못지않은 문명에 유혹된 초기 영국인 오리엔탈리스트들에 대한 반발에서 '세계 문명화의 사명'이라는 것이 생겨났다. 그러나 이는 오리엔탈리즘과 반대되는 것은 아니었다. 오리엔탈리스트들도 고대 인도에 대해서는 찬양했지만 그것도 일부 문화에 한정된 것이었고, 현대 인도에 대해서는 누구 못지않게 부정적이었다. 특히 과학기술이나 의술 등에 대한 인도의 수준은 예나 지금이나 걸음마 수준이라고 혹평했다.

그러나 전반적으로 18세기 말까지 영국에서는 인도에 대해 고유한 제도나 문화는 가능한 한 존중하고 간섭을 회피하고 오로지 경제적인 이익만을 추구하는 경향이 농후했다. 그런 태도를 통해 인도에서 영국에 대해 인도인의 묵종默從을 촉구하고자 했다. 그러나 밀의 아버지 제임스 밀의 등장과 함께 그런 전통적 태도에 대한 비판이 시작되었다. 즉, 존스 경과 같은 오리엔탈리스트들은 인도를 너무나도 낭만적으로 바라보아 고대 인도

영국에는 대영제국을 찬양하는 전시관이 수없이
많다. 세계에서 자신들의 제국주의 영광을 노골적
으로 상기시키는 나라는 아마 없을 것이다. 19세
기 레든홀 스트리트에 있었던 '이스트 인디아 하우
스'.

의 문화적이고 물질적인 풍요라는 신화를 항구화해 인도 개혁을 저지하려고 했다고 비판하기 시작했다.

제임스 밀은 그런 취지에서 『영국령 인도의 역사』를 집필했으나, 인도에 대한 그런 새로운 제국주의적 시각은 제임스 밀만의 것이 아니었다. 가령 동인도회사의 사원이자 열렬한 복음주의 운동가였던 찰스 그랜트Charles Grant는 1792년에 펴낸 『아시아에 사는 영국 신민의 사회 상태: 특히 도덕 및 그것을 개선하는 수단에 대한 관찰』에서 미신인 힌두교에 의해 영원히 암흑과 악덕과 비참 속에 살아갈 인도 사회를 영국이 개선해야 할 사명이 신에 의해 주어졌다고 주장하고, 1813년 동인도회사의 특허장에 기독교 포교를 인정하는 조항을 넣으려고 노력했다.

한편 무신론자인 제임스 밀은 찰스 그랜트와 달리 공리주의자로서 인도에 대해 접근했고, 특히 존스 경 등의 고대인도 문화에 대한 찬양을 전적으로 거부했다. 『영국령 인도의 역사』는 집필에 11년이나 걸린 만큼 6권이나 되는 방대한 저술인데, 그 중요한 내용은 과거 인도 문명의 가치를 완전히 부정하는 것이다. 그에 의하면 인도인은 해부학, 외과학, 약학, 물리학, 식물학 등에는 완전히 무지했고 수학의 지식도 매우 불완전했다. 그런 주장은 존스 경 등의 견해와 유사했지만, 제임스 밀은 더 나아가 인도의 종교는 야만적인 미신에 불과하고 법은 놀라울 정도로 후진적이라고 평가했다.

나아가 인도 사회에는 찬양할 점이 하나도 없고, 과거 유럽인을 매혹한 인도의 전통적인 면공업도 전적으로 무가치하다고 폄훼했다. 공리주의자인 제임스 밀은 그런 후진성의 원인이 법과 통치의 야만성에 있다고 하면서 그것을 근본적으로 고쳐야 한다고 주장했다. 그러나 그것은 영국식 민주주의로 바꾸자는 것이 아니라, 철저한 전제정치를 실시해야 한다는 것이었다. 그러니 인도의 독립은커녕 자치도 인정해서는 안 되고 어떤 자유도 인정되어서는 안 된다는 것이었다.

『영국령 인도의 역사』는 영국의 인도 지배 수단 중 '분열시켜 지배한다'는 원칙, 즉 힌두와 무슬림을 분열시켜 지배한다는 정책의 기본인 역사관을 제공한 점에서 더욱 중요했다. 제임스 밀은 이 책에서 인도 역사를 힌두 시대, 무슬림 시대, 영국 시대로 나누었는데, 이는 인도가 항상 힌두와 무슬림에 의한 획일적이고 상호 적대적인 종교집단으로 구성된다는 가정하에서였다. 그러나 실제로는 힌두와 무슬림은 오랫동안 서로를 존중하면서 공존해왔다. 또 식민지 이전의 인도는 전제정치였고, 힌두 사회는 언제나 4개의 카스트로 구성된다는 것이었다. 인도에서 힌두와 무슬림을 분리시키는 정책은 20세기 후반에 인도와 파키스탄을 분리시키는 결과를 초래했다.

제임스 밀의 영향력이 얼마나 대단했는지는 1828년부터 1835년까지 인도 총독을 지낸 윌리엄 벤팅크 경 Lord William Bentinck이 인도로 출발하기 직전 제임스 밀에게 "나는 영국령 인도로 갈 예정인데, 하지만 나는 총독이 아닐 겁니다. 총독일 사람은 바로 당신입니다"라고 말했다는 사실에서도 알 수 있다. 이를 밝힌 사이먼 스미스Simon Smith는 『영국 제국주의』에서 벤팅크는 제임스 밀의 제자로 그의 말대로 인도를 통치했다고 평했다.

이는 제임스 밀이 1832년 하원에서 영국이 인도 전역에 확장하는 것이 인도 인민의 행복을 위한 최상의 길이라고 주장한 것의 확인이었다.

그런데 앞에서 보았듯이 같은 공리주의자인 벤담은 경제적 이익이 없다는 이유에서 식민지 경영에는 반대했다. 제임스 밀도 기본적으로 그런 입장이었으면서도 명확한 입장을 주장하지는 않았다. 즉, 설령 경제적 이익이 없다고 해도 되돌아갈 수는 없고, 야만 상태에 있는 인도를 구출하기 위해 영국이 좋은 통치를 하는 것으로 인도 통치를 정당화했다. 이러한 제임스 밀의 주장은 영국의 인도에 대한 '공격적 우월감'을 형성하는 중요한 원천이 되었다.

그래서 빅토리아 시대의 가장 위대한 역사학자인 토머스 배빙턴 매콜리Thomas Babington Macaulay는 제임스 밀의 책을 에드워드 기번Edward Gibbon의 『로마 제국 쇠망사』 이래 가장 위대한 영국인의 역사 저술이라고 평가했다. 매콜리도 제임스 밀과 같이 인도 문명의 가치를 전면적으로 부정하고 영국의 '세계 문명화의 사명'을 더

욱 적극적으로 긍정한 사람이니 당연한 평가라고 하겠
다. 그러나 매콜리는 제임스 밀이나 밀과 달리 나름의
계산에 의해 인도의 자치와 독립을 인정해야 하는 날이
올 것이라고 1833년에 썼다. 물론 당시에 그런 주장은
몽상으로만 여겨졌고, 그것이 현실화되기에는 100년 이
상이 더 걸렸다. 여하튼 밀은 아버지와 마찬가지로 영국
의 인도 지배를 정당하다고 생각했음을 우리는 뒤에서
살펴볼 것이다.

동인도회사의
인도
쟁탈전

────────────

1823년, 17세의 밀은 아버지의 소개로 아버지가 근무했던 동인도회사에 서기로 입사했다. 당시 제임스 밀은 상당한 연봉을 받았기에 밀을 대학에 보내 학자가 되게 하거나 자유로운 저술가로 살게 할 수도 있었다. 그러나 그는 결핵에 걸려 있어서 만일의 경우 죽게 되면 대가족을 부양할 수 없었기 때문에, 처음에는 법률가로 만들고자 했다가 안정된 수입이 보장되는 동인도회사에 취업하도록 한 것이었다. 게다가 당시 그 회사의 근무시간은 하루 6시간 정도에 불과했고, 그것도 3시간은 자신의 저술을 할 수 있을 정도로 자유로웠다. 그 후 밀은 1858년 동인도회사가 폐지되기까지 그 회사에 근무했으니 무려 35년을 다닌 셈이다.

동인도회사East India Company는 17세기 초엽 영국, 프랑스, 네덜란드 등이 동양에 대한 독점 무역권을 부여받아 동인도에 설립한 여러 회사를 말한다. 영국의 동인도회사는 1600년, 네덜란드의 동인도회사는 1602년, 프랑스의 동인도회사는 1604년에 각각 설립되어 오랫동안 치열한 식민지 쟁탈의 경쟁을 일삼았다. 먼저 네덜란드의 동인도회사가 향신료 무역을 독점하다가, 1652년부터 시작된 네덜란드와의 전쟁에서 영국이 승리한 뒤 18세기 이후 향신료 무역이 부진해지자 식민지 경영으로 돌아섰고, 1799년에는 영토를 본국 국가에 넘기고 해산했다.

이어 18세기에는 영국과 프랑스가 격렬하게 다투다가 플라시 전투Battle of Plassey를 계기로 영국의 동인도회사가 인도 무역을 독점하게 되고, 동시에 인도의 식민지화를 추진했다. 그러나 사적 독점 상업회사인 동인도회사에 대한 영국 내의 비판과 경영난으로 인해 1773년부터 본국 국가의 규제를 받았고, 1833년부터는 무역독점권이 폐지되었다. 밀이 거기에 취업한 것은 10년 전인 1823년이었다. 그리고 밀이 그 회사의 폐업으로 퇴직하기 1년 전인 1857년은 인도에서 세포이의 반란Sepoy Mutiny이 발발해 인도가 영국 국왕의 직접 통치하에 들어간 해였다.

밀은 자신이 평생 근무한 동인도회사의 인도 식민지 지배를 정당화했을 뿐 아니라 영국의 제국주의 지배도 정당화했다. 그는 유럽을 진보적 세계, 비유럽을 정체적 세계로 보고, 유럽-영국인을 인류 전체 진보의 선구자로 본 당시 대영제국의 역사관을 공유했다. 이러한 생각은 그의 『대의정부론』에 다음과 같이 극명하게 나타나 있다.

"오늘날 문명이 뒤처진 사람들이 보다 높은 수준의 문명사회에 의해 직접 지배를 받거나 아니면 그들 스스로 완전한 정치적 독립을 향유하는 것이 공통적이다.⋯⋯야만의 독립 상태에 있는 민족은 복종을 배우기까지 문명에서 어떤 진보도 사실 불가능하다. 따라서 이러한 종류의 민족에 대한 통치에 불가결한 덕은 복종을 촉구하는 것이다. 이를 위해 통치 구조는 거의 또는 전적으로 전제적이어야 한다."

앞에서 보았듯이 아버지 제임스 밀의 제국주의관을 그대로 계승한 밀은 아버지 이상의 제국주의자로서 영국의 인도 지배는 정당하고 심지어 문명국의 의무라고도 하며 자부했다. 그러나 그것에 대한 비판은 다음과 같이 윌리엄 듀랜트William Durant가 『인도의 경우』에 쓴 다음 한마디로 충분하다.

"영국의 인도 정복은 일개 무역 회사(영국 동인도회사)에 의한 고급 문명에 대한 그야말로 양심이나 원칙 없는 침략이고 파괴였다. 예술에 대해 개의치 않고, 이익에 대해 탐욕스럽고, 일시적으로 혼란스럽고 속수무책이었던 한 나라를 총과 칼로 침략하고, 뇌물로 매수하고, 살인하며, 영토를 합병하고, 훔치고, 불법적 약탈과 그리고 '합법적' 약탈의 그 역사를 시작한 것이 이제

(1930년 당시) 173여 년이 무자비하게 지났다."

　제임스 밀과 밀은 인도를 야만이라고 했지만 18세기 초 세계경제에서 인도가 차지한 점유율은 23퍼센트로 유럽의 모든 나라를 합친 것과 같았다. 그러나 영국이 인도를 떠날 무렵에는 그것이 3퍼센트대로 떨어졌다. 이유는 간단했다. 그만큼 영국이 200년간 착취했기 때문이다. 그리고 착취의 중심에 동인도회사가 있었다. 1600년에 설립된 이 회사는 300년 이상 인도를 착취했다. 특히 19세기부터 동인도회사는 인도 전역을 지배했다.

　밀이 동인도회사에 근무하는 동안에도 착취는 끊임없이 자행되었다. 그가 회사에 들어가고 3년이 지난 1826년 고위 성직자인 레지널드 헤버Reginald Heber 주교는 다음과 같이 적었다. "동인도회사의 영토에 있는 농민들은 토착 군주의 백성이었을 때보다 대체로 더 열악해졌고, 더 가난해졌으며, 그리고 더 낙심했다." 1839년 윌리엄 호윗William Howitt은 "동인도회사가 인도를 차지했던 방식은 사람이 생각할 수 있는 가장 혐오스럽고 비

아버지 제임스 밀의 제국주의관을 계승한 밀은 동인도회사의 인도 지배를 정당화했을 뿐 아니라 문명국의 의무라며 자부했다. 세포이의 반란.

기독교적인 것이었다. 토착 군주의 영토를 빼앗기 위해 꾸준히 100년 이상 작동했던 이 제도는 왕이나 종교의 폭정에서 찾아냈던 그 어떤 것보다 더 정교한 고문 제도이다"라고 말했다. 그리고 1858년 밀이 회사를 그만두었을 때 동인도회사의 어느 행정관은 하원에서 다음과 같이 증언했다.

"영국의 기본적인 정책은 인도 전체를 모든 가능한 방법을 동원하여 영국의 이해와 이득을 위해 복종시키는 것이었다. 인도 사람들에게 극도의 한계까지 세금이 부과되었고, 차례로 영국의 소유로 들어오는 모든 지방은 더 많은 약탈을 위한 장소가 되었고, 토착 지배자들이 갈취했던 것 이상으로 얼마나 많이 세금을 거두었는지는 언제나 우리의 자랑거리였다.……나라와 백성들의 점진적인 빈곤화는 영국 정부가 수립해놓은 통치의 방식으로 그들의 몰락을 재촉했다."

특히 1857년에 발생한 동인도회사에 대한 노골적인 반란인 '세포이의 반란'을 밀이 몰랐을 리 없다. 동인도회사가 물린 세금이 보통 소득의 최소 반이어서 18세기 말 영국이 통치한 지역 주민 3분의 2가 자기 땅을 버리고 도망을 갔다. 윌리엄 듀랜트는 "세금을 내지 못한 사람들을 감옥에 가두었고, 뜨거운 태양에 노출시켜 방치했다. 아버지들은 올라가는 세금을 맞추기 위해 아이들을 팔았다"고 적었다.

밀은 자기가 쓰는 문서로 인도가 통치되는 것에 자부심을 가졌지만, 그것이야말로 영국 제도의 가장 큰 결함이었다. 즉, 지역 농민과의 대화를 중지하고 "농촌사회를 형성했던 세력을 이해하거나 지배할 수 없었던 서신, 전표 그리고 회계 장부의 세계를 구축했다". 이는 인도인의 운명이 밀과 같이 인도인과 무관한 자들에 의해 사무실에서 결정되었음을 뜻했다. 그래서 어떤 책임도 지지 않았고 음모와 부패의 여지는 확장되었다.

밀은 『자유론』에서 인도의 자유를 부정했고 『대의정부론』에서 인도의 민주주의를 거부하고 인도에는 억압과 전제주의만이 가능하다고 하면서 영국의 제국주의 침략과 지배를 정당화했다. 그러나 인도에는 전통적으로 마을 공동체의 자치가 민주적으로 활기 있게 행해져

왔음을 우리에게도 '신분에서 계약으로'라는 말로 유명한 헨리 메인Henry Maine 같은 사람이 이미 밝힌 역사적 사실이었다. 밀이 진정한 민주주의자였다면 그런 마을의 수준을 끌어올려 자치 정부를 세우게 하는 데 기여할 수도 있었다.

그러나 그는 자신의 회사인 동인도회사가 지방 군주들과 결탁해 세금 징수를 늘이기 위해 마을 공동체를 약화시키고 마을 공동체가 이전에 처리한 기능이었던 사법적 권한과 행정적 권한을 중앙집권화하는 데 앞장섰다. 반면 간디는 인도 해방의 중추로 마을 공동체의 활성화를 들었는데 말이다.

동인도회사에 대한 문헌으로 쉽고 정확하게 읽을 수 있는 문헌은 드물다. 가령 최근 나온 하마우즈 데쓰오浜渦哲雄의 『대영제국은 인도를 어떻게 통치하였는가』는 제국주의를 찬양하는 입장에서 쓰인 것으로 문제가 많은 책이다. 대영제국을 찬양하는 대표적 영국인으로서는 한국에서도 인기가 높다는 미국 하버드대학 교수 니얼 퍼거슨Niall Fergusson을 들 수 있다. 특히 『제국: 영국은 어떻게 세계를 만들었는가』가 그런 책이다. 그는 영국이 무역, 정복, '복음주의적 제국주의'를 세계화의 초기 형태로 결합했고, 그 결과 자랑스러운 9가지를 세계에 남겨 위대하게 되었다고 했다. 그 9가지란 영어, 영국식 토지보유권, 영국식 금융, 관습법, 개신교, 단체 운동 경기, 야경 국가, 대의제, 자유사상이라고 하며 마지막 자유사상이 가장 탁월한 것이라고 주장했다. 그러나 그는 헨리 라부셰어Henry Labouchère의 다음 시 〈황색인의 짐〉(1899)을 읽어야 한다. 이는 조지프 러디어드 키플링Joseph Rudyard Kipling이 쓴 인종차별적인 시 〈백인의 짐〉(1899)에 즉각 대응해 쓴 시다.

황색인의 짐을 가중시켜라,

강제로 그가 자유의 몸이 되게 하라.

너희의 모든 정책이

자선 활동으로 악취를 풍기게 하라.

그리고 만일 야만인의 어리석음으로

그가 감히 너의 의지에 이의를 제기한다면,

그러면, 자유의 이름으로,

망설이지 말고 총을 쏘아라.

......

황색인의 짐을 가중시켜라,

그리고 세상을 통해 선포하라,

너희는 자유의 대리인임을.

더이상 돈을 지불하는 게임은 없다!

그리고 만일 과거 역사가

너희의 이빨 사이로 곧바로 던져진다면,

독립은 오직 백인들에게만 유효하다고

맞받아쳐라.

......

황색인의 짐을 가중시켜라,

공평하게 완수했다.

나약하고 시대에 뒤떨어진 양심은

그것의 메스꺼운 길을 다 달렸다.

그리고 그것은 자유의 깃발인데도

너희는 선봉에 서서 흔들고 있다.

집에서 써먹을 것으로 남겨두라.

그 신성한 '인간의 권리'!

......

밀의
정신적
위기

———————

제임스 밀은 10대의 밀을 완전한 합리적 존재의 완성이라고 보았으나, 밀 자신은 20세(1826년)가 되면서부터 정신적 위기를 경험해 1830년경까지 집필을 중단했다. 즉, 목적의 결여, 감정의 결여, 의지의 마비, 절망의 의식이었다. 그러나 위기의 시작은 더욱 빨랐다. 사실 공리주의 활동을 시작하기 전인 1821년에 이미 밀은 벤담의 사상이 퇴색하고 있다고 느꼈다. 그 후 5년 뒤 밀은 벤담에 대해 근본적으로 회의하기 시작했다. 공리주의 원리의 근거인 쾌락에 대한 부정이었다. 이는 동시에 아버지에 대한 거부, 결국 그 자신의 과거를 부정하는 것이었다.

그러한 위기는 20세의 청년이면 누구나 경험할 수 있는 것이기도 했으나, 밀에게는 어린 시절의 천재교육부터 20세까지의 격무에서 비롯된 것임은 두말할 필요도 없었다. 동시에 아버지와 벤담에 대한 심리적 콤플렉스의 결과라고도 볼 수 있었다. 그러나 그것은 어디까지나 '정신'의 위기였고, 일상생활에서 변한 것은 아무것도 없었다. 그 정신의 위기조차 밀의 『자서전』에 나오는 가장 중요한 부분임에도, 특히 어린 시절의 교육에 대한 반동으로 설명되어왔음에도 도리어 위기조차 "혼자 힘으로 생각하도록 교육받아왔다"는 것의 증거로 볼 여지가 있다.

앞에서 우리는 밀이 어린 시절 시 읽기를 금지 당했다고 했다. 밀은 거기에서 비롯된 정신의 위기를 당연히 시와 시인의 만남을 통해 극복하고자 했다. 그래서 1827년 윌리엄 워즈워스William Wordsworth와 새뮤얼 테일러 콜리지Samuel Taylor Coleridge를 만나고 그들의 시를 읽어 감정의 중요성을 깨달았다. 밀이 낭만주의에 심취함과 동시에 사랑을 하게 되는 것도 어쩌면 당연한 일이리라.

그 위기는 밀과 같은 상황에 있던 작가 장 프랑수아 마르몽텔Jean-Francois Marmontel의 회상록에 나오는 아버지의 죽음을 읽고 극복되었다고 밀은 『자서전』에서 말했다. 프로이트주의자라면 청년 밀이 '아버지 콤플렉스'를 독서 체험으로 해소한 것으로, 숨겨진 '아버지에 대한 살해 희망'은 '대상代償 행위'를 통해 해소한 것으로 읽을 수도 있다. 마르몽텔은 밀 자신이 되고 마르몽텔의 아버지는 밀의 아버지가 되어, 상상 속에서 자기 아버지의 죽음을 체험하고 관념으로 아버지의 권위를 살해하면서, 밀은 처음으로 자신이 된 것인지도 모른다.

정신적 위기를 극복한 밀은 벤담 철학의 일부를 버리고 새로운 사상을 받아들였다. 그 하나는 위기의 극복에 직접적으로 도움이 된 감정을 철학의 기초로 삼아 지성과의 균형을 모색한 것이었다. 종래 벤담의 공리주의는 지적 분석을 강조하고 감정을 무시했다. 또한 행복이 행동의 규제 원칙이기는 하나, 밀은 그것이 벤담이 말하듯 행동의 직접적인 목적이 아니라, 타인의 행복이나 인류의 진보라고 하는 다른 목적을 추구하면 자신의 행복도 당연히 생긴다고 보았다.

따라서 벤담이나 아버지가 쾌락만을 추구하고 그것을 추구하는 수단이 유효하다면 무엇이나 허용하는 것에는 반대했다. 밀은 인간이 동물과 다른 점은 이성을 소유한다거나 도구와 방법을 발견한 것이 아니라, 선택할 수 있는 존재라는 점이라고 보았다.

또 행복이 아니라 인권, 즉 다양성, 자유, 정의, 특히 개인·집단·문명의 자발성과 독자성, 변화와 충실한 생활을 주장했다. 반면 편견, 획일성, 정신적 박해, 권력과 인습과 여론에 의한 개인의 억압에 반대했다. 나아가 질서나 평화에 대해서도 그것이 정염精炎이나 상상력을 갖는 살아 있는 인간의 다양성이나 색채를 없애는 대가를 수반하는 것이라면 반대했다.

상식적으로 품위, 공정, 정의, 자유라고 하는 것, 즉 개인은 타자의 어떤 도덕적 전제에서도 자유로워야 한다고 주장했다. 따라서 공리주의가 주장한 산업과 재정과 교육의 대계획, 공중위생의 대개혁, 노동과 여가의 조직 등에는 무관심했고, 대신 노동자나 여성, 백인 이주 식민지인들의 자유와 정의를 주장했다. 따라서 백인이 정복한 식민지는 제외되었다.

물론 그는 여전히 공리주의자로서 합리성 · 경험적 방법 · 민주주의 · 평등을 찬양하고, 종교 · 초월주의 · 몽매주의 · 도그마주의 · 직관적이고 논증할 수 없는 진리에 대한 신앙에 반대했다. 그것은 이성의 포기, 계급 사회, 특수권익, 자유로운 비판에 대한 불관용, 편견, 반동, 부정의, 전제, 비참함을 나타낸다고 생각되었기 때문이다.

경직된 공리주의자임을 포기한 밀은 그가 '실천적 절충주의' 또는 괴테에 의해 '다양성'이라고 부른 새로운 입장에 따라 그전에 반대자라고 보았던 사람들과 어울리기 시작했다. 가령 밀은 당시 낭만주의를 대표한 토머스 칼라일Thomas Carlyle과도 친분을 쌓았다. 그러나 밀 자신이 인정하듯이 자신의 종교적 회의주의, 공리주의, 민주주의, 논리학, 경제학 등에 대해 칼라일은 적대적이어서 두 사람의 관계는 단기간에 끝났다.

1828년부터 밀은 프랑스 사상가 클로드 앙리 드 루브루아 생시몽Claude-Henri de Rouvroy Saint-Simon파의 초기 사상인 정신적 권위주의, 즉 정신력이 뛰어난 인민(엘리트)이 열등한 인민(대중)을 지배한다는 사상 등에 공감했고, 이는『자유론』에도 일부 나타나 있다. 이는 콜리지에게서 받은 영향이기도 했다.

밀은 벤담에 대한 평가를 1838년『벤담Bentham』으로, 콜리지에 대해서는 1840년『콜리지Coleridge』로 발표했다. 벤담은 현재의 학설이나 제도와 대립한 새로운 진리를 인식시켰고, 콜리지는 현재의 학설이나 제도 안에 내재하는 진리를 식별하는 힘을 가졌다는 점에서 서로 대조되면서도 보완관계에 있다고 밀은 보았다. 그러면서도 밀은 벤담의 편협한 방법론과 상상력의 결여 등에 문제가 있었다고 비판했다. 특히 정치 이론에 대해, 밀은 첫째 어떤 권위에 복종하는 것이 인민의 이익이 되는

가, 둘째 어떻게 인민을 그러한 권위에 복종하도록 이끄는가, 셋째 어떤 수단에 의해 권위의 남용을 억제할 수 있는가 하는 3가지 질문을 제기하고, 셋째에 대해서만 답했는데 그것은 '다수자의 권력하에 있는 것'이라고 했다.

그러나 밀은 그러한 여론의 전제에 복종하는 것이 과연 인간의 좋은 상태라고 할 수 있는지를 회의했다. 그것이 전제정치나 귀족정치에 대한 공리주의적 반발에서 나온 것이기는 하지만, 다수자가 옳기 위해서는 반드시 반대자가 존재할 필요가 있다고 주장했다. 이는 『자유론』 제2장의 '사상과 토론의 자유'를 논의하는 과정에서도 중시되었다.

한편 『콜리지』에서 밀은 벤담과 반대였던 콜리지나 독일 철학의 귀족정치론에도 일면의 진리가 있음을 인정하고, 진리의 일부만을 갖고 진리의 전체라고 주장함은 잘못이며, 서로 대립하는 사상이 서로의 한계를 지적하고 질의응답할 때 진리 전체를 발견할 수 있다고 주장했다. 이 점도 『자유론』 제2장의 '사상과 토론의 자유'를 논의하는 과정에서 중시되었다. 물론 밀은 콜리지와 독

밀은 새뮤얼 테일러 콜리지의 시를 읽고 감정의 중요성을 깨달았으며, 『콜리지』에서 서로 대립하는 사상이 서로의 한계를 지적하고 질의 응답할 때 진리를 발견할 수 있다고 주장했다. 새뮤얼 테일러 콜리지.

일 철학이 보수적이고 종교적이며 반동적이라고 보았으나, 자신이 믿는 경험주의에 대한 반대론으로서 존재 의의까지 부정하지는 않았다.

밀은 여론 민주주의의 한계를 인정하면서도 민주주의 자체에 대한 희망을 포기한 적은 없었다. 그의 민주주의론에 결정적인 영향을 끼친 사람은 밀이 1835년에서 1840년 사이에 크게 감동한 알렉시 드 토크빌Alexis de Tocqueville이었다. 토크빌은 프랑스 귀족 출신으로 1830년의 7월혁명으로 자유주의자로 알려진 루이 필립Louis Philip에게 충성을 맹세해 왕당파에서 배척당했으나, 동시에 귀족 출신이라는 이유로 루이 필립에게서도 신뢰를 받지 못했다.

그는 1835년 5월부터 약 9개월 동안 미국을 방문하고 1835년에는 잡지에, 1840년에는 책으로 『아메리카 민주주의Democracy in America』를 발표했다. 밀은 그 각각에 대한 평론을 썼다. 밀에 의하면 토크빌이 지적하는 민주주의의 장점은, 첫째 다수자가 선을 초래하고, 둘째 일반 인민은 민주주의에 기꺼이 복종하며, 셋째 민주주의는 인민을 위해 기능할 뿐 아니라 인민에 의해 비로소 기능하기 때문에 대중의 지성이 필요하고 대중의 지성을 더욱 향상시킨다는 점에서 다른 어떤 국가보다도 우수하다는 것이다.

반면 단점은 민주주의에 의해 결정되는 정책은 경솔하며 근시안적이고, 민주주의가 초래하는 다수자의 이익은 반드시 전체의 이익이 되지는 않고 소수자에게 권력을 남용하는 경향이 있다는 점이다. 특히 다수가 교육의 평등으로 인해 평균적 지성을 갖는 대중이므로 정체된 정신을 갖게 되어 중국과 같은 정체된 사회를 초래하기 쉽다. 따라서 연방 차원의 민주주의 정치에 대해 지방 차원의 민주주의 제도에 인민이 참가해 인민 자체가 성장하고, 대중교육을 통해 정치적 권리의 확대와 확산에 의해 자유의 정신을 촉진해야 한다고 주장했다.

밀은 오귀스트 콩트Auguste Comte에게서도 영향을 받았다. 특히 콩트가 사회현상에 실증주의적 방법을 적용해 사회학을 수립한 점에 충격을 받았다. 그러나 콩트가 자유 파괴자라는 점에서 밀과는 철저히 대립되었다.

해리엇과의
사랑

1830년 밀은 인생에서 가장 소중한 해리엇 테일러 Harriet Taylor를 만난다. 해리엇은 영국 런던 남쪽 월워스 Walworth의 외과의사인 토마스 하디Thomas Hardy와 그의 아내인 해리엇 하디Harriet Hardy의 장녀로 1807년 10월 8일에 태어났다. 1826년 3월, 19세 때 그녀는 런던에서 약종업藥種業을 경영한 부유한 사업가인 존 테일러John Taylor와 결혼하고 몇 년 뒤 세 자녀를 두었다.

존 테일러와 해리엇 테일러는 다 같이 유니테리언

교회에서 활동했고, 정치에 대해 급진적 관점을 가져 여성의 권리를 일찍부터 지지한 유니테리언의 지도적 성직자인 윌리엄 폭스William Fox와 친하게 지냈다. 존은 벤담이나 밀과 친했으나 예술에 조예가 깊은 해리엇을 이해하지 못해 둘의 결혼생활은 행복하지 못했다.

반면 해리엇은 1830년 당시 정신적 위기를 극복하고 감정의 중요성을 느낀 밀과 마음이 통했다. 해리엇은 한 사람의 동료로서 그녀를 대우해준 최초의 사람인 밀에게 끌렸다. 밀은 해리엇에게 깊은 인상을 받았고, 자신이 최근에 쓴 저서들에 대해 읽고 논평을 할 수 있는지 물었다.

몇 년 뒤 해리엇과 밀은 결혼과 여성의 권리라는 주제로 쓴 에세이를 교환했다. 이 에세이에는 이러한 주제에 대한 밀의 주장보다 급진적 관점들을 지지한 해리엇의 주장이 더 많이 나타나 있었다. 해리엇은 『사회에 대한 하나의 새로운 관점』(1814)과 『성격의 형성』(1813)과 같은 책에 있는 로버트 오언Robert Owen의 사상에 의해 촉진된 사회주의 철학에 끌렸다. 특히 그녀는 에세이에서 남성에 대한 여성의 경제적 의존도를 끌어내리려는 것에 대해 비판적이었다. 그리고 이러한 상황이 오직 모든 혼인법에 대한 급진적 개혁에 의해서만 변화될 수 있다고 생각했다.

유니테리언의 잡지인 『먼슬리 리포지터리Monthly Repository』에 실은 몇 편의 글을 제외하고, 해리엇은 그녀의 전 생애 동안 자신의 얼마 안 되는 저서만을 출판했다. 그러나 밀이 집필한 모든 자료를 읽고 논평을 해주었다. 밀은 『자서전』에서 해리엇이 자신의 이름으로 출판된 대부분 저서와 논설에 대해 논평을 했다고 설명했다.

그들은 순수한 정신적 관계를 유지했으나 그 교제를 남편이 허용했을 리 없고, 그래서 한때 헤어지기도 했으나 밀은 거의 매일처럼 그녀의 집을 찾았다. 밀의 아버지도, 형제도, 친구도, 스승도 밀의 사랑에 반대했다. 그러나 밀은 그들과 헤어짐으로써 사랑을 지켰다. 마찬가지로 해리엇도 결국 1833년 남편과 아이들과 별거했다. 해리엇은 밀이 주말마다 그녀를 방문했던 곳인

해리엇과 밀은 결혼과 여성의 권리라는 주제로 쓴 에세이를 교환하거나 해리엇이 밀이 집필한 모든 자료를 읽고 논평을 해주기도 했다. 해리엇 테일러의 초상화.(영국국립초상화미술관 소장)

템스 강변의 월턴Walton-on-Thames에 있는 집으로 거처를 옮겼다. 해리엇과 밀이 육체적 관계를 갖지 않았다고 설명했지만, 그들의 행동은 그들의 친구들에게 추문이 되었다. 그 결과 두 사람은 사회적으로 고립되었다.

그로 인한 정신적 고통과 함께 1836년 아버지가 사망하자, 밀은 가족 부양에 대한 부담까지 지게 되어 마침내 병이 들었다. 그 후 해리엇과 함께 자주 이탈리아 등으로 요양을 위한 도피여행을 떠났다. 그녀의 남편도 죽을 때까지 그녀를 포기하지 않았으나 1849년 암으로 세상을 떠났다. 그렇게 삼각관계가 끝나자 남은 두 사람은 2년 후 결혼을 했다. 그러나 7년 뒤 해리엇은 유럽 여행 도중 병사했다.

해리엇은 밀과 사랑하고 뒤에 그의 부인이 되었으나 단순히 그런 대상이 아니라 밀의 사상 형성에 중요한 역할을 했다. 밀이 해리엇을 얼마나 찬양했는지는『자유론』서두의 헌사에도 나타나 있을 뿐만 아니라『자서전』에도 자주 나타난다. 그러나 해리엇에 대한 제3자의 평가는 나누어져 있다. 가령 프리드리히 하이에크Friedrich

A. Hayek는 밀이 말하듯이 밀에 대한 그녀의 영향력을 긍정한다. 그러나 밀의 책 중에서 그녀의 영향력이 컸다고 하는 『자유론』, 『여성의 종속』, 『경제학 원리』 등의 사상은 밀이 해리엇을 만나기 전에 이미 여러 글에서 비롯되었다고 볼 수도 있다.

밀의
성숙기

―――――――――

앞에서도 말했듯이 밀의 성숙기란 1821년부터 1826년
까지를 제1기(정신적 위기), 1827년부터 1839년까지를
제2기로 볼 수 있다. 제1기의 밀은 벤담주의자였고, 제
2기의 밀은 반反벤담주의자였으나, 제3기는 다시 벤담주
의자로 회귀하되 자신의 입장을 확고하게 수립한 것이
라고 할 수 있다. 그러나 엄밀하게 말하자면 가령 『콜
리지』를 쓴 1840년에는 아직도 반벤담주의자였으니 제
3기는 1842~1843년부터 시작된다고 보는 게 옳다.

성숙기는 동시에 명성을 쌓은 시기이기도 했다. 1843년의『논리학 체계』는 방대하고도 난해한 저서였는데 베스트셀러가 되었고, 1848년의『정치경제학 원리』도 마찬가지였다. 그의 대표작인『자유론』(1859), 『대의정부론』(1861),『공리주의』(1863),『여성의 종속』(1869), 사후 발표된『자서전』(1873)과『사회주의』(1891) 등은 바로 이 시기에 쓰였다.

이러한 책들은 밀의 대표작들인데, 그중에서도 한국에 번역된『정치경제학 원리』,『자유론』,『대의정부론』, 『공리주의』,『여성의 종속』,『자서전』이 유명하다. 그중『정치경제학 원리』와『대의정부론』은 한 번밖에 번역되지 않았지만 나머지는 여러 번 번역되었다. 특히『자유론』이 자주 번역되었고, 이 책이 밀의 대표작이라고 할 수 있다. 여기에서는 밀의 성숙기 후반부를 살펴보면서 그의 생애에 대한 스케치를 해보자.

성숙기는 동시에 투병기이기도 했다. 그는 평생 병약했으며 특히 1854년부터 결핵을 앓았다. 당시 결핵은 치명적인 병이었기 때문에 밀은『자서전』을 비롯한 책들을 결사적으로 쓰기 시작했다. 1858년에는 동인도회사에서 퇴사했다. 1년 전에 인도에서 발발한 세포이의 반란으로 인해 동인도회사의 인도 관리 능력이 문제되었고, 당시 수상은 동인도회사를 폐지하고 영국 의회가 인도 행정을 담당해야 한다고 주장해 결국 1858년 동인도회사는 없어졌다. 밀이 동인도회사의 해체에 반대한 이유는 그것이 해체된 뒤 국가가 직접 인도를 지배하게 되면 더욱더 가혹하리라고 생각했기 때문이다(퍼시벌 스피어Percival Spear의 『인도 근대사』는 이러한 주장을 한 사람이 제임스 밀이라고 했지만 이는 잘못 쓴 것이다).

실제로 그런 결과에 이르렀으나, 그것이 밀의 주장대로 동인도회사의 지배가 영국 정부의 지배로 바뀐 탓만은 아니었다. 식민지 지배의 가혹성은 마찬가지였기 때문이다. 그러나 『자유론』 제2장에서 말하듯이 밀은 인도에서 세포이의 반란이 발발했을 때 영국의 여론이 인도인에게는 종교적 관용이 허용될 수 없다고 한 것에 대해 강력하게 반발했다. 물론 밀은 제국주의의 식민지 지배를 부정하지 않았고, 『자유론』 제1장에서도 식민지에

밀의 성숙기는 명성을 쌓은 시기이기도 했다. 이때 그는 『정치경제학 원리』, 『자유론』, 『대의정부론』, 『공리주의』, 『여성의 종속』, 『자서전』 등을 집필했다. 영국 런던 빅토리아 임뱅크먼트 가든Victoria Embankment Gardens에 있는 밀의 동상.

서 자유가 일반적으로 허용될 수 없다고도 했으나, 적어도 19세기 영국의 상황에서는 밀만큼 식민지의 자유를 적극적으로 옹호한 사람도 없었다.

밀이 동인도회사에서 퇴사한 것은 기쁨이었으나 그 기쁨을 만끽하고자 나선 유럽 여행에서 아내가 사망한다. 그 아픔을 잊기 위해서 밀은 더욱더 저작에 열중했다. 그 후 1865년 밀은 하원의원으로서 여성참정권, 비례대표제, 노동자 계급의 선거권 등을 주장했으나 실현하지는 못했다. 그리고 1868년 하원의원 선거에서 낙선한 뒤 1873년 5월 8일 프랑스 아비뇽에서 사망했다.

밀의 하원의원 활동에 대해서는 앞에서도 언급한 『위대한 정치』를 비롯해 상세하게 언급된 책이 많기 때문에 그 점에 흥미를 갖는 독자들은 이 책들을 참조하기 바란다. 이제 밀의 여러 저서를 중심으로 그의 사상에 대해 간략히 검토하고, 출판 순서에 의하지 않고 사상의 체계에 따라 철학, 정치학, 경제학, 자서전 순으로 설명하고자 한다.

『공리주의』

밀을 한마디로 공리주의자라고 하는 만큼 그의 『공리주
의』를 대표작이라고 볼 수도 있다. 그러나 버트런드 러
셀Bertrand Russell이 『서양의 지혜』에서 평했듯이 '이 책
에는 벤담을 넘어선 내용은 거의 없다'. 흔히 밀이 벤담
이 주장한 것이라고 하는 양적 차이만을 보이는 쾌락과
대비되는 질적으로 훌륭한 쾌락을 주장했다고 하지만,
쾌락 자체가 양적인 것이지 질적인 것이 아니므로 역시
러셀이 평한 대로 그런 시도는 성공하지 못했다.

『공리주의』라는 책은 그 본문이 우리말 번역으로 120쪽 정도의 그리 크지 않아 적어도 부피에 대해서는 큰 부담 없이 읽을 수 있지만 내용은 19세기 철학책이니만큼 쉽지 않다. 이 책의 차례는 '제1장 머리말, 제2장 공리주의란 무엇인가, 제3장 왜 효용 원리를 받아들일 수밖에 없는가, 제4장 효용 원리를 어떻게 입증할 것인가, 제5장 정의는 효용과 어떤 관계인가'로 되어 있다. 여기서 핵심은 제4장이다. 그중에서도 제4장 처음에 나오는 다음 구절이다.

"물체가 보일 수 있다는 것을 입증할 수 있는 유일한 근거는 사람들이 그것을 실제로 본다는 사실이다. 어떤 소리가 들린다는 것의 유일한 증거는 사람들이 그것을 듣는다는 것이다. 그 밖의 다른 것도 우리의 실제 경험을 통해 증명할 수 있다. 같은 방법으로, 무엇이 바람직하다는 것을 입증할 수 있는 유일한 방법은 사람들이 실제로 그것을 바란다는 사실이다."

그러나 어떤 물건을 '볼 수 있으면' '보일 수 있다'고 말하는 것은 당연한 것이지만, '무엇이 바람직하다'고 말하는 것에는 모호성이 따른다. 가령 정직은 바람직하다고 말하는 경우에는 윤리적 진술이 이루어진다. 따라서 '볼 수 있다visible'와 '바람직하다desirable'는 것은 겉모습이 비슷하지만, 결코 같다고 말할 수 없다. 러셀에 의하면 사실 명제, 즉 '이다is'를 포함하는 진술에서 당위 명제인 '해야 한다ought'를 포함하는 진술을 연역해낼 수 없다는 것은 이미 오래전에 데이비드 흄David Hume이 지적했다.

이는 밀이 종래의 직관주의를 비판하고 그것을 대체하는 것으로 공리주의를 주장한 점에도 문제가 있음을 뜻한다. 즉, 밀은 직관이 아니라 이론을 추구한다고 하면서도 자유와 같은 도덕적 가치에 대한 직관적 당위론을 주장했다. 밀이 존중하는 개성, 사회성, 자기발전 등도 직관적 당위론에 불과한 것이지 공리주의적 이론에 의해 가치가 입증되는 것이 아니다.

그 결과 『자유론』에서 밀은 결과와 상관없이 자유는 소중하다고 하면서도, 동시에 그는 효용이 모든 윤리 문제 판단의 기준이라고 보기 때문에 효용을 증대시키지

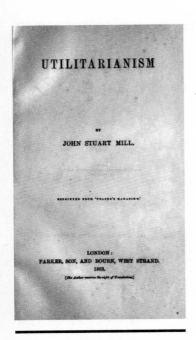

밀은 『공리주의』에서 직관
이 아니라 이론을 추구한
다고 하면서도 개성·사회
성·자기발전 등을 존중했
지만, 그것은 직관적 당위
론에 불과했다.

않는 자유란 무의미하다고 본다. 이처럼 공리주의가 결과만을 중시하는 점은 인권이나 정의와 같은 가치와 충돌할 여지가 있다. 그래서 이사야 벌린Isaiah Berlin은 밀이 공리주의의 한계를 극복하지 못했다고 비판했다.

따라서 밀이 공리주의의 핵심인 효용 원리를 입증했다거나 『자유론』의 주장과 합치되는 공리주의 이론을 세웠다고는 볼 수 없다. 그러나 적어도 공리주의 윤리학이 '최대 다수의 최대 행복'을 토대로 선언한 탓에 현실적으로 무의미한 것이라고 할 수 없다. 특히 법의 기능이 사회에 최대의 행복을 이루어지도록 보장하는 것이어야 한다는 공리주의 주장은 민주주의에 맞는 것이라고 볼 수 있다.

『자유론』

밀의 『자유론』은 우리말 번역으로 300쪽 정도의 부피에 5개장으로 이루어져 있다. 즉, 제1장 서론, 제2장 사상과 토론의 자유, 제3장 복지의 요소인 개성, 제4장 개인에 대한 사회적 권위의 한계, 제5장 원리의 적용이다.

밀이 『자유론』 첫 부분에 인용한 "인간을 그 가장 풍부한 다양성 속에서 발전시키는 것이 절대적이고도 본질적으로 중요하다"는 알렉산더 폰 훔볼트Alexander von Humboldt의 말은 『자유론』의 핵심을 한마디로 요약한 말이라고 할 수 있다. 훔볼트는 19세기 독일의 언어학자이자 정치가로서 유기적이고 인간적인 언어철학과 마찬가지로 정치의 목표를 인간의 개성에 따른 다양한 발전으로 보았다. '인간을 최대한 다양하게 발달하도록 하는 것'이라고 하면 흔히 교육의 목표라고 생각하기 쉬우나 훔볼트는 그것을 국가와 정치의 목표라고 주장한 것이었다.

『자유론』제1장 '서론' 첫 문단에서 밀은 그가 말하는 자유란 '시민적 · 사회적 자유'이고, 이 책의 주제란 "사회가 합법적으로 개인에 대해 행사할 수 있는 권력의 본질과 한계"를 밝히는 것이라고 했다. 이는 알렉시 드 토크빌이 정치적 자유가 확보되고 민주주의가 수립된 19세기에 가장 중요한 자유 문제는 민주주의라는 '다수의 폭정'하에서 개인의 자유를 보장하는 것이라고 주장한 것을 이어받은 주장이다.

밀은 그러한 개인적 자유의 보장 원리를 인류의 자기 보호라고 주장했다. 즉, "인류가 개인적이거나 집단적으로 어떤 사람의 자유에 간섭하는 것을 보장받는 유일한 근거는 자기 보호"라는 것이고, 이를 "문명사회의 어느 구성원에 대해, 그의 의사에 반해 권력을 정당하게 행사할 수 있는 유일한 목적이란, 타인에 대한 침해를 방지하는 경우뿐"이라고 설명했다.

나아가 밀은 "인간 자유의 본래 영역"으로 3가지, 즉 의식의 내면적 영역(양심의 자유, 사상과 감정의 자유, 의견과 감각의 자유, 의견 표명과 언론·출판의 자유), 취향과 탐구를 위한 행동의 자유, 집회와 결사의 자유와 노동자의 단결권을 포함한 단결의 자유를 요구했다.

밀이 사상과 토론의 자유를 설명하는 제2장은 『자유론』에서도 가장 뛰어난 부분으로 평가된다. 밀의 저서 중에서 『자유론』이 가장 뛰어난다는 평가를 받고 있으니 제2장은 밀의 모든 글 중에서 가장 빼어난 것인 셈이다. 제1장에서 밀은 자유를 3가지로 나누고 그 첫째의 것을 사상과 표현의 자유라고 했다. 이를 중심으로 다루는 제2장에서 밀은 철학자답게 진리를 찾기 위해서는 사상과 토론의 자유가 필요하다고 하면서, 이를 3가지로 나누어 논의하고 있다.

요컨대 사상의 발표와 토론은 어떤 경우에도 충분히, 완전하게, 절대적으로 보장되어야 한다는 것이다. 우리가 오랜 숙원으로 삼아온 국가보안법을 비롯한 사상 악법을 철폐하기 위한 논리로 밀의 치밀한 주장에 동의한다고 해도, 이 논리를 악법 철폐 주장의 근거로 사용할 때 얼마나 설득력을 얻을 수 있을지는 의문이다. 사실 무작정 보수를 작정하는 사람들을 설득하기 위해서는 그런 논리조차 통하지 않을지도 모르지만, 적어도 사상의 자유가 지적 노예 상태에서 벗어나 사상을 창조하기 위해서는 반드시 필요하다는 주장은 우리의 무사상 풍토에서 더욱 강조될 필요가 있다.

제2장에서 논의한 사상의 자유에 이어 밀은 제3장에서 행동의 자유에 대해 설명한다. 밀은 제3장에서 앞에서 말한 사상 활동만이 아니라 모든 정신 활동에서 개인은 자신의 의견에 따라 개인의 방식으로 행동할 자유를 가져야 한다고 주장한다. 특히 개인은 '그가 무엇을 하는가'라는 점에서만이 아니라, '그가 어떤 특징을 갖는 사람인가'라는 점에서도 중요하므로, 개인의 개성이

다양하게 발전되어야 한다고 주장한다. 무조건 행복한 것(이것이 제임스 밀이나 벤담의 공리주의 사상이었다)이 아니라, 다양한 개성의 존중을 주장한 것이다. 그래서 밀의 공리주의를 제임스 밀이나 벤담의 양적인 것에 비해 질적인 것이라고 한다.

밀은 의견에 따른 행동의 자유를 주장한 뒤 개성에 대한 일반인의 무관심을 지적하고, 개성을 발전시키기 위해서는 2가지 조건, 즉 '자유와 생활 상황의 다양성'이 필요하며, 강렬한 욕망과 충동도 필요하다고 역설한다. 이어 고대와 현대의 차이, 칼뱅Calvin파의 반대론을 설명하고, 개성 존중의 필요성을 주장한다. 그리고 천재의 독창성과 그것에 반하는 집단 속에 매몰된 현대의 개인을 설명하지만 영웅숭배론은 부정한다.

나아가 자기 생활 계획의 독자적 수립을 주장하고, 취향의 독자성에 대한 비난의 부당성과 여론에 의한 개성 무시의 문제점도 지적한다. 그리고 자유와 진보의 정신의 필요성을 주장한 뒤, 정체된 사회로 중국을 사례로 들고, 유럽 진보성의 근거였던 다양성의 퇴화를 지적한 뒤, 개성 회복의 방법을 제시한다.

이어 밀은 제1장 서론에서 제시한 자유의 원칙을 제4장 결론에서 반복한다. 인간의 행동을 타인의 이해관계와 관련된 부분(A), 자신에게만 한정되는 행동 부분(B)으로 구별한 뒤, 이 두 원칙에 근거해 A에 대해서만 '(여론에 의한) 도덕적·법적'으로 간섭할 수 있고, 그것은 개인이 책임을 져야 하는 상대적 자유의 영역이라고 본다. B에 대해서는 개인은 사회에 아무런 책임을 질 필요가 없는 절대적 자유의 영역이라고 본다. 이어 개인적 행동에 대한 간섭의 부당함을 보여주는 이슬람교, 스페인인, 오락 금지, 미국의 사치금지법이나 노동자, 금주법, 사회적 권리, 휴일 준수법, 몰몬교와 같은 사례를 설명한다.

밀은 제4장에서 내린 결론을 제5장에서 다시 언급한다. 사회의 간섭이 정당화되는 경우로 독약의 판매 규제를 설명하고, 자신의 행동과 관련된 사회적 간섭 금지 원리의 한계를 음주의 사례로 설명한다. 나아가 자유에 대한 제한의 필요, 자유의 원칙과 예외에 대해 이 원칙

을 적용해 설명한다. 밀에 의하면 인간은 누구나 자기에
게만 관련되는 한 하고 싶은 대로 행동할 자유를 가져야
한다. 그러나 타인을 위해 행동하는 경우, 타인의 일이
전적으로 자기 일이라는 구실 아래 자기 멋대로 행동하
는 자유는 허용될 수 없다.

특히 국가는 개인에게만 관련되는 일에 대해 각자
의 자유를 존중해야 하지만, 그가 타인에게 행사할 어떤
권리를 개인에게 부여하는 경우 그 권리에 한해 국가가
충분히 감독할 의무를 진다. 그리고 그 사례로 가정에서
일어나는 아내와 자녀의 자유가 제한되고 있음을 지적
한다. 밀은 국민 교육의 전부나 대부분을 국가가 장악하
는 것에 대해 강력하게 반대하면서, 교육의 다양성을 주
장한다. 나아가 밀은 배심재판(정치적이지 않은 소송의 경
우), 자유롭고 민중적인 지방자치제도의 중요성을 강조
한다.

이어 『자유론』의 최종 결론으로 밀은 "국가가 개인
이나 단체에 대해 그 활동과 능력을 촉구하기보다 도리
어 그것을 자신의 활동으로 대체하고자 할 때"나 "정보

ON

LIBERTY

BY

JOHN STUART MILL.

LONDON:
JOHN W. PARKER AND SON, WEST STRAND.
M.DCCC.LIX.

밀은 『자유론』에서 관료제의 폐해를 극복하기 위해 권력을 최대한 분산시키고, 관료와 동등한 능력을 갖는 재야인의 비판이 필요하다고 주장했다.

와 조언을 제공하지 않고 필요에 따른 비난도 하지 않은 채, 국가가 개인에게 억압적으로 일을 시키거나 그들을 제쳐놓고 그들을 대신해 그들의 일을 할 때" 해악이 생긴다고 하면서, 국가의 간섭은 당연히 제한되어야 한다고 주장한다.

이는 국가의 간섭에 의해 국가권력이 불필요하게 커져서, 관료제와 같은 더 큰 폐해가 초래될 수 있다고 보았기 때문이다. 밀은 관료제의 폐해를 극복하기 위해 권력을 최대한 분산시키고, 관료와 동등한 능력을 갖는 재야인의 끝없는 비판이 필요하다고 주장한다.

밀의 『자유론』에는 문제도 많다. 밀은 개인에게만 관련된 행동에 대해서는 권력이나 국가가 어떤 간섭도 할 수 없고, 그런 간섭은 오로지 타인에게 해를 끼치는 행동에 한정되어야 한다고 주장한다. 그러나 우리는 인간의 행동을 순수하게 개인에게 관련된 행동과 타인에게 해를 끼치는 행동으로 구분할 수 있는가? 과연 그렇게 확연히 구분되는 행동이 있을 수 있는가? 나아가 그런 구분은 누가 어떻게 결정하는 것인가? 타인에게 끼치는 해란 구체적으로 어떤 것을 말하고 그런 해가 생기는 때는 구체적으로 언제인가? 그것이 구체적으로 명시되지 않는 경우에 자유의 범위는 대단히 좁아지는 것이 아닌가?

특히 밀이 그런 자유가 모든 사람에게 주어지는 것이 아니라, 능력 미성숙자나 미개사회의 사람들에게는 주어지지 않아도 좋다고 한 것을 비판적으로 검토할 필요가 있다. 밀이 미개사회라고 한 당대의 식민지에서는 자유가 아니라 전제專制가 정당하다고 주장한 것은 제국주의자로서 식민지의 전제 지배를 정당화한 것이다. 밀이 "어느 나라가 정체되어 있다는 것은 그 국민이 개성적이지 않다는 것을 말한다"고 한 것은 옳지만, 그것이 비유럽 사회와 유럽 사회를 구별하는 기준으로 사용되고 있음을 주의해야 한다. 밀은 "유럽인들의 성격과 교양에 놀랄 만한 다양성이 있다는 점" 때문에 동양적인 정체에 빠지지 않았다고 하는데, 이는 19세기 서양인의 오리엔탈리즘이었고, 이를 일본이 우리에게 적용시켜 소위 식민지 정체사관을 날조한 이론임을 주의할 필요가 있다.

　이상의 문제점 외에도 밀의 공리주의와 자유의 관계가 문제점으로 지적되어왔다. 공리주의를 강조하는 경우 자유의 가치가 위축된다는 점, 경험과 관찰을 중시하는 공리주의는 이성을 중시하는 선험주의를 비판하지만 공리주의 역시 이성에 입각한 궁극적 가치를 주장한다는 점 등이 비판되어왔다. 이러한 비판은 이성에 대한 불신을 전제로 하는 것인데, 문제는 과연 이성을 전적으로 부정할 수 있는가 하는 점이다.

　밀이 인간의 행동을 사적인 영역과 공적인 영역으로 구분하는 점에도 문제가 있다. 사실 인간의 행동이란 언제나 타인과 관련되기 때문에, 영국의 시인 존 던John Donne이 노래했듯이 누구도 고립된 고도孤島일 수 없고, 인류라고 하는 대륙의 일부다. 대부분의 사람에게는 개인의 생활이나 자유가 거의 존재하지 않을 정도로 완전히 사회화된 사회에 사는 쪽이, 밀이 말하는 개인주의적 질서 속에 사는 것보다 행복할 수도 있고, 여하튼 그것이 현실이기도 하다. 따라서 밀이 그러한 사회의 행복을 부정하는 것은 사실 근거가 없는 것이라고 할 수도 있다.

밀은 사회적 · 법적 규칙이 지나치게 사회의 '좋고 나쁘다는 감정'에 의해서만 결정된다는 점을 비합리적이고 비이성적인 무지에 근거한다고 본다. 하지만, 반드시 합리적이고 이성적이며 유식한 인간의 판단이 옳다고 할 수 있는 근거도 없다. 최대 다수의 최대 행복이 행동의 유일한 정당한 목적이라면 비이성적인 인간이야말로 가장 만족스러운 존재일 수도 있지 않은가? 설령 마녀 재판이라고 해도 당시 그것을 보고 즐긴 대다수 사람은 행복할 수도 있지 않았겠는가? 종족에 근거를 두거나 공동체를 중심으로 하거나 전통적이고 풍습에 입각한 생활 방식도 행복일 수 있다.

『대의정부론』

─────────

밀의 『대의정부론』은 우리말 번역으로 360쪽 정도의 부피에 18개장으로 나누어져 있다. 18개장은 다시 셋으로 나눌 수 있다. 첫째 서론이다. 제1장 정부 형태의 선택, 제2장 좋은 정부 형태의 기준, 제3장 대의정부가 가장 이상적인 정부 형태이다, 제4장 대의정부의 작동을 가로막는 사회적 조건들, 제5장 대의기구의 주요 기능, 제6장 대의정부에 생기기 쉬운 결함과 위험 요소들, 제7장 인민 전체를 대표하는 참된 민주주의, 다수파만을 대표

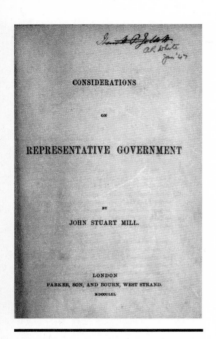

밀은 『대의정부론』에서 지적 전문성을 갖춘 유능한 사람들이 정부 업무를 맡아 처리해야 한다면서 '입법위원회'와 같은 소수로 조직된 단체를 만들자고 주장했다.

하는 거짓 민주주의다.

둘째, 선거권과 의회에 대한 것이다. 선거권에 대해서는 제8장 선거권의 확대, 제9장 2단계 선거가 꼭 필요할까, 제10장 투표 방식, 제11장 의원 임기는 어느 정도가 좋은가, 제12장 의원들이 반드시 서약을 해야 하는가, 제13장 상원이 있어야 하는가다.

셋째, 행정부와 연방제 등에 대한 논의다. 행정부에 대해서는 제14장 대의정부의 행정부, 제15장 지역 대의기구, 제16장 대의정부와 민족 문제, 제17장 연방 대의정부, 제18장 식민지 속령이다.

밀은 『대의정부론』 제1장과 제2장에서 인간의 자기발전에 도움이 되는 정부를 좋은 정부라고 규정하고 제3장에서 대의정부가 국민의 도덕적·지적 자질과 능력을 더 잘, 더 높이 발전시킬 수 있는 '이상적이고 완벽한' 민주주의에 가깝다고 했다. 밀이 말하는 대의정부란 국민이 선거에서 뽑은 대표를 통해 최고 통치 권력을 행사하는 정부 형태다.

그런데 밀은 지적 전문성을 갖춘 유능한 사람들이

정부 업무를 맡아 처리해야 최대한 효율을 얻을 수 있다고 했다. 입법 활동에서도 대의기구가 직접 법을 만들어선 안 되고 '입법위원회'와 같은 뛰어난 소수로 조직된 단체에서 법을 만드는 게 좋다고 했다. 밀은 지적 능력이 낮은 다수의 유권자에 의해 계급입법 등의 어리석은 판단이 자행될 수 있으므로 이를 막기 위해 복수투표제를 주장했다.

밀은 참과 거짓을 가르는 객관적인 척도가 존재한다는 전제하에, 토론에서 경쟁 과정을 통해 진리를 점차 발견해나갈 수 있다고 주장했으며 이는 그의 진보관으로 이어졌다. 이 때문에 밀은 사회의 목적이 진보라는 이야기를 할 수 있었고, 덜 진보된 야만사회를 계몽의 이름으로 지배할 수 있다는 주장을 정당화할 수 있었다.

그렇다면 구체적으로 밀은 이런 객관적인 척도를 어떤 식으로 측정할 수 있다고 생각했던 걸까? 밀은 그것을 제대로 언급하지 못했다. 그는 대의기구의 주요 기능이 '행동'이 아닌 '담화'라고 이야기하면서 토론의 중요성을 피력했다. 여기에서 미국 뉴욕대학 정치학 교수인 버나드 마넹Bernard Manin이 주장했던 것처럼 "토론은 정책 결정의 원칙을 제공하지 않"는다는 점에 주목해야 한다.

『정치경제학 원리』

_____

밀의 『정치경제학 원리』는 우리말 번역으로는 2010년에 처음 나온 전4권, 1800쪽이 넘는 방대한 책이다. 제1권이 제1편 생산, 제2권이 제2편 분배, 제3권이 제3편 교환, 제4권이 제4편 사회의 진보가 생산과 분배에 미치는 영향과 제5편 정부의 영향을 각각 담고 있다. 그 내용은 오늘날 우리가 말하는 정치학이나 경제학은 물론 사회복지학을 포함한 사회학, 역사학, 철학 등을 포함한다고 번역자는 말하지만 기본적인 애용은 역시 경제학이라고 할 수 있다.

『정치경제학 원리』의 부제는 '사회철학에 대한 응용을 포함하여'다. 이는 이 책이 정책적이고 도덕적인 고려를 한다는 것으로 이는 19세기까지 정치경제학자들이 공통적으로 가졌던 문제의식이었다. 따라서 1890년 앨프리드 마셜Alfred Marshall이 『경제학 원리』를 낸 이후 정치경제학이라는 말 대신 경제학이라는 말을 사용하는 것은 사회현상 전체에 대한 전통적인 관심을 배제하고 도덕적 처방보다도 수학적 모델을 중시하는 것을 의미했다. 그러나 최근에는 정치경제학이라는 말이 주로 마르크스주의 경제학을 뜻하는 말로 사용되는 경향도 있다.

여기서 이 방대한 책의 내용을 분석한다거나 요약한다는 것은 불가능한 일이다. 170여 년 전의 책이므로 경제 문제에 대한 분석력이나 정확성에서도 떨어지는 것은 물론이다. 앞에서 보았듯이 밀은 데이비드 리카도의 경제학 이론에서 많은 영향을 받았지만, 전체적인 분위기는 리카도보다 낙관적이라고 볼 수 있다. 존 갤브레이스John K. Galbraith가 『경제학의 역사』에서 말했듯이 그의 임금 기금설은 편협한 견해로 역사상의 골동품이 되었다.

무엇보다도 밀이『정치경제학 원리』에서 다른 고전파 경제학자들과 같이 생산 증대와 인구 증가가 정지하는 때가 올 것이라고 내다보았다. 하지만 이를 사회적 가치의 대규모 변혁을 위한 좋은 기회로 보았다는 점에서 다른 경제학자들과 달랐다는 점을 강조할 필요가 있다. 밀은 남녀가 지성과 교양과 자연적 아름다움에서 오는 더 높은 쾌락을 위해 헌신하는, 계급 이익에 따른 심각한 적대감이 사라지고, 사상과 삶의 다양한 양식이 표출되고, 서로의 자유를 존중하되 자신이나 남에게 결코 무비판적이지 않는 사회, 개인주의·다원주의·민주주의·사회주의의 모든 요소가 포함되고, 그러면서 소수의 권리를 보장하고 시장경제의 장점을 보존하는 자유주의적 유토피아를 그렸다. 밀은 행복한 사회를 다음과 같이 묘사했다.

"높은 보수를 받고 풍요로운 노동자 집단으로 이루어져 있다. 단 한 번의 일생 동안 획득되고 축적된 것을

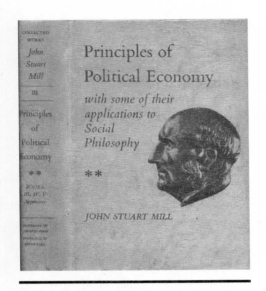

밀은 『정치경제학 원리』에서 기본적
으로 자유방임주의를 취하고, 정부의
간섭에서 개인 기업과 창의성을 보호
하는 데 많은 관심을 기울였다.

제외하고는 어떠한 엄청난 부도 없다. 그러나 지금보다 훨씬 더 많은 사람들이 열악한 노동에서 벗어날 뿐만 아니라 기계적인 자질구레한 일에서 벗어나 육체적인 것과 정신적인 것 모두를 포함한 충분한 여가와 더불어 자유롭게 삶의 품위를 계발하고, 또한 보다 덜 유복한 환경에 있는 계급의 발전을 위해 자신들의 전례典例를 제공할 용의가 있는 그러한 사회이다."

그러나 『정치경제학 원리』에서 밀은 기본적으로 자유방임주의를 취했고, 특히 정부의 간섭에서 개인 기업과 창의성을 보호하는 데 많은 관심을 기울였으며, 사실상 부자들을 옹호하기도 했음은 비판받아야 마땅하다. 물론 그가 자유방임주의의 예외로 교육, 어린이와 정신이상자의 보호, 계획된 식민지화, 빈민 구제, 물과 같은 일부 공공시설, 노동시간의 규제 등을 인정했음은 사실이다. 그러나 그는 사유재산의 폐지는커녕 재산의 균등 분배에 대해서는 일언반구도 하지 않았다. 그가 바란 것은 모든 사람이 살기 위해 일하고, 고상한 능력을 향유하며, 자신의 정신을 개선하기에 충분할 만큼의 여가를 갖는 전체 국민의 부르주아화였다.

여기서 주목해야 하는 점은 밀이 시장 원리의 차원에서 노동자들의 노동조합 가입에 찬성하고, 그것을 법으로 금지하거나 파업을 금지하는 것에 반대했다는 점이다. 특히 파업은 임금과 노동의 수요공급 사이의 관계에서 노동자 계급에 훌륭한 교훈을 주는 좋은 교사라고 주장했다. 물론 당시 위법시된 잔업 폐지와 같은 것에 대해 밀은 즉답을 하지 않고 여론에 맡겨야 한다는 입장을 취했다. 밀은 노동자 계급을 대표하는 정치운동이 사회주의라고 생각하지 않았다.

『정치경제학 원리』는 1848년 혁명 이전에 출판되었다. 따라서 밀이 이 책을 쓸 무렵에는 마르크스를 전혀 몰랐고 그의 사회주의에 대한 인식은 마르크스가 공상주의자라고 부른 초기 사회주의자의 견해에 한정되었다. 밀의 태도는 사회주의와 자본주의 중 어느 것이 자유와 자율, 개인성과 공익정신의 차원에서 우월한지를 비교하는 것이었다. 결론적으로 그는 사유재산은 폐기되기보다는 개선되는 것이 바람직하다고 보았지만, 노동자들이 자본을 공동 출자하는 연합체를 노동조합이라고 보고 그것이 중심이 되는 미래 사회를 추구했다.

"자본가와 노동자 간의 끊임없는 알력의 해소, 인간의 삶을 대립적인 이익을 추구하는 계급 간의 투쟁으로부터 모두에게 공통적인 선을 추구하는 우호적인 경쟁자로 바꾸는 일, 노동의 존엄성의 고양, 노동자 계급의 새로운 의미의 안정과 독립성, 각 개인의 일상적 직업을 동정심과 실천적 지성의 학교로 전환시키는 일."

밀은 혁명적인 사회주의가 아니라 온건한 사회주의를 희망했다. 그가 보기에 전자는 실패하게 되어 있었다. 그는 공산주의의 실패를 다음과 같이 예언했다.

"이미 모든 사회에서는 다수에 의한 개인의 억압이 큰, 그리고 점증하는 악이 되고 있다. 그것은 아마도 공산주의하에서는 훨씬 더 클 것이다. 그것을 제한하는 힘이 개인들의 손 안에 있어, 자신들과 뜻이 맞는 사람들의 공동체에 들어가는 것을 선택할 수 있는 경우는 제외하고 말이다."

이상과 같은 밀의 입장을 다음과 같이 비유한 사람

이 있었다. 자본주의와 사회주의가 싸우는 복싱 경기에서 밀은 나비넥타이를 맨 심판으로 펀치들을 잘 분간해 점수를 준다. 1라운드(1848)에서는 자본주의 편을 들어준다. 그러나 2라운드(1852)에서는 사회주의 편을 들지만 규칙을 지키라는 주의를 준다. 마지막 라운드(1869)에서는 사회주의가 반칙을 범했다는 이유에서 자본주의의 승리라고 판정을 내린다.

『여성의 종속』

우리가 19세기 영국 여성의 모습을 볼 수 있는 좋은 자료는 제인 오스틴Jane Austen의 소설과 그것을 영화로 만든 작품들이다. 그녀가 다룬 여성들은 중상류층 여성들이고 그들의 삶은 결혼을 중심으로 한 것이다. 오스틴이 살았던 18세기 후반에서 19세기 초와 달리 밀은 19세기 중후반을 살았지만, 여성이나 결혼에 대한 일반인들의 사고방식은 크게 달라지지 않았다. 밀은 당시 여성을 합법적 노예라고 불렀다. 여성은 결혼을 하지 않을 자유를 갖지 못했고, 결혼을 해도 자유롭지 못했으며, 교육과 직업 선택의 자유도 없었고, 자신의 수입에 대해 소유권을 가질 수도 없었다. 남편의 부당한 성관계 요구도 거부하지 못했고, 간통이나 유기遺棄와 같은 극도의 학대가 아니면 이혼할 자유도 없기 때문이었다.

『여성의 종속』은 우리말 번역으로 200쪽이 조금 넘는 책이다. 모두 4개장으로 구성되었는데, 각 장의 제목은 제1장 역사의 순리, 제2장 왜곡된 결혼 생활, 제3장 역할과 직업의 평등, 제4장 여성해방은 남성도 구원한다로 되어 있다. 밀은 먼저 여성은 남성보다 열등하지 않다는 사실을 강조하고, 여성으로 태어났다는 이유만으로 인류의 반이 불행하게 살아야 한다는 점을 지적한다. 이어 밀은 남녀를 불문하고 인간이라면 누구나 자신의 능력을 발휘하고 행복을 추구할 권리가 있다고 주장한 점에서 이 책은 『자유론』의 여성판이라고 할 수도 있다.

밀은 여성의 참정권은 물론이고 가족의 삶 자체가 개혁되어야 여성해방이 가능하다고 주장했다. 그에 의

하면 결혼은 계약이 아니라, 사회적으로 강요된 동의에 불과하고, 자유로운 선택이나 의지의 결과가 아니다. 밀은 완전히 평등한 사람 사이에서만 존재하는 최고 수준의 우정이 남녀 사이에 있어야 여성이 진정으로 해방된다고 믿었다. 그러나 남성들은 물질적 이익을 포기하려고 하지 않고 평등하게 사는 것을 두려워하므로, 즉 기존의 특권이 상실되는 것을 두려워하기에 여성해방에 반대한다고 비판했다.

여성이 남성에 종속되는 것을 당연시한 19세기에 그런 주장을 한 점은 높이 평가되어야 한다. 특히 밀은 여성을 포함한 모든 사람에게 투표권을 주어야 한다고 주장한 점에서 페미니즘의 선구자로 불린다. 『여성의 종속』은 1928년 여성 투표권이 인정되기 59년 전인 1869년에 나온 책으로, 1702년에 나온 메리 울스턴크래프트 Mary Wollstonecraft의 『여성의 권리』의 뒤를 이은 여성해방의 고전으로 평가된다.

『여성의 종속』은 밀이 쓴 책인 반면 그 18년 전인 1851년에 나온 『여성의 해방』은 해리엇이 썼고, 1832년

THE

SUBJECTION

OF

WOMEN

BY

JOHN STUART MILL

LONDON
LONGMANS, GREEN, READER, AND DYER
1869

밀은 『여성의 종속』에서 여성의 경제적 평등이 경제를 위축시키고 그 결과 임금 저하를 가져온다고 주장한 반면, 해리엇은 여성은 가정과 직업을 동시에 갖는 제3의 길도 있다고 주장했다.

의 '결혼과 이혼에 관한 초기 에세이들'은 밀과 해리엇이 함께 연구한 것으로 여겨지지만 두 사람의 견해에는 차이가 있었다. 가령 해리엇은 이혼하는 경우 여성이 육아를 책임져야 한다고 주장하면서 여성들에게 아이를 많이 낳지 말라고 한 반면, 밀은 늦게 결혼하고 늦게 출산해 대가족이나 공동체적 생활을 영위해 이혼 시에 영향을 받는 아이들을 안정시켜야 한다고 주장했다.

밀과 해리엇은 성적 불평등은 자연의 섭리가 아니라 관습과 전통의 결과라고 주장했다. 여성이 남성보다 열등하므로 종속되는 것이 마땅하다는 사회 통념은 남성 지배 이데올로기가 조작한 궤변에 불과하고, 따라서 남녀 간의 능력 차이란 본질적 차이가 아니라 환경과 교육의 차이일 뿐이라고 주장했다. 그런데 밀은 여성에게 남성과 같은 교육, 경제적 기회, 시민적 자유가 주어져도 여성은 경쟁적인 직업보다 결혼과 어머니의 역할을 선택할 것이라고 믿은 반면, 해리엇은 반대로 직업을 택할 것이라고 믿은 점에서 두 사람은 생각이 달랐다. 밀이 『여성의 종속』에서 쓴 주장을 읽어보자.

"직업을 선택하는 남성과 마찬가지로 여성이 결혼을 선택하면, 대부분의 생애를 그녀의 노력을 요구하는 첫 번째 의무, 즉 가사와 자녀 양육을 위해 보낼 것이라고 일반적으로 생각되어진다. 그리고 그녀는 다른 모든 목표와 직업을 포기하는 것이 아니라, 이 일을 수행하는 데 필요한 것들과 일치하지 않는 모든 것을 포기하는 것으로 이해된다."

나아가 『여성의 종속』에서 해리엇은 여성은 가정과 직업을 동시에 갖는 제3의 길도 있다고 주장했다. 이는 밀이 여성이 돈을 버는 것은 도리어 손해로 바람직하지 않다고 주장하고, 여성의 경제적 평등이 경제를 위축시키고 그 결과 임금 저하를 가져온다고 주장한 것에 대한 반론이었다. 해리엇은 부인이 남편의 종이 아니라 동료가 되기 위해서는 직장을 다니고 돈을 벌어야 한다고 주장했다.

그런데 19세기에 여성들이 직업을 갖고 결혼할 수 있다는 것은 하녀를 여러 명 둘 수 있는 상류계층에서만 가능한 일이었다. 하녀가 필요한 중류계층 가정에서 하녀는 노동계층 출신으로 한 사람밖에 둘 수 없는 형편이었던 것이 대부분이다. 그러나 밀과 해리엇은 이 점에 대해서는 전혀 언급하지 않았다. 따라서 밀이나 해리엇이 주장한 여성해방은 부유한 계층의 기혼 여성을 위한 것이었다.

그 밖에도 문제점은 없지 않다. 가령 밀은 경험을 통해 볼 때 여성은 일반적으로 실용적 재능을 더 많이 타고났고, 눈앞의 사실에 대한 통찰력이 남성보다 강하지만 사변적 능력은 못하다고 주장하는데 이는 어떤 과학적 증명에 의한 것도 아니었다. 나아가 여성의 전통적 역할에 대해 그는 불만이 없었다. 여하튼 19세기에 밀과 해리엇이 주장한 정도라도 21세기 한국에서 인정되고 있다고 할 수 있을까? 한국에서는 남자만을 호주로 인정하는 호주제가 2008년에 폐지되었다. 그러나 사실상의 여성 차별은 매우 심각하다. 돈을 중심으로 한 결혼관도 19세기의 영국에 비해 크게 달라지지 않았다.

『사회주의』

밀의 『사회주의』는 1869년에 집필되어 사후에 출판되었다. 우리말 번역으로 172쪽인 이 책은 4개장으로 구성되었는데, 제1장 들어가는 말, 제2장 현 사회질서에 대한 사회주의의 반대, 제3장 사회주의가 제기하는 반대에 관한 검토, 제4장 사회주의의 난점이다. 밀이 민주주의에서 사회주의로 이행하기 시작한 것은 1851년 해리엇과 결혼한 뒤였다. 『자유론』에서 그렇게도 강력하게 주장한 대중 여론의 횡포를 경계하면서도, 밀은 사회주의가 오는 때를 열망했음을 『자서전』에서 다음과 같이 썼다.

"우리는 대부분의 사회주의 제도가 포함한다고 상상되는 개인에 대한 사회의 전제를 매우 열렬히 비난한 반면, 사회가 더이상 게으른 사람들이나 부지런한 사람들로 구분되지 않는 시대, 일하지 않는 자는 먹지 마라는 규칙이 빈민만이 아니라 편견 없이 모든 사람에게 적용되는 시대, 노동력의 생산물 분배가 현재 최대한 그러하듯이 출생의 우연에 의존하지 않고 정의가 인정되는 원리에 근거하여 강조되고 행해지는 시대, 그리고 인간이 자신만의 이익이 아니라 자신이 속하는 사회와 함께 나누는 이익을 얻기 위해 열심히 노력하는 것이 더이상 불가능하지 않고 불가능하다고 생각되지도 않는 시대를 대망했다."

이어 밀은 그러한 사회변혁을 위해서는 자본가와 노동자의 성격이 모두 변해야 한다고 주장했다. "지금까지처럼 자기 이익이 되는 목적만이 아니라, 적어도 공공적 · 사회적 목적을 위해" 일해야 한다는 것이다. 그리고 이는 "교육과 습관, 또는 사고방식의 훈련"으로 가능하다고 보았다. 밀은 『자유론』에서 말하듯이 아직 충분히 발전되지 못한 사회에서는 '국가에 의한 교육의 실시'가 불가피하지만, 동시에 인민이 정한 자주적인 교육 내용에 의한 인민 교육을 실시해야 한다고 주장했다.

특히 『정치경제학 원리』에서와 마찬가지로 당시의 노동자 계급이 지적으로나 도덕적으로 열등하다는 인식에서 출발해 그들의 자주적인 교육 활동과 인간성의 발전을 요구하고, "강의와 질의를 위한 시설, 공통된 이익이 있는 문제에 대한 공동 연구, 노동조합, 정치운동" 등을 포함한 연구 활동과 공공 활동에 참가해 지성과 도덕적 성격을 발전시킬 수 있다고 보았다.

밀은 『정치경제학 원리』 제2편 제1장 제3절에서 "만약 공산주의에 함유된 긍정적 가능성과 현재 사회에 내재하는 고통과 불의 사이에서 선택해야 한다면……공산주의가 안고 있는 크고 작은 난점들은 모두 저울 위의 먼지에 지나지 않을 것"이라고 했다. 그런데 밀은 『사회주의』에서 혁명적 사회주의에 대해서는 더욱 엄격한 비

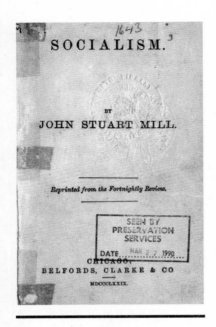

밀은 『사회주의』에서 혁명적
사회주의에 대해 비판적 태도
를 취하면서 점진적 사회주의
를 지지했는데, 이는 반사회주
의적인 자유주의자가 아니라
사회주의적인 자유주의자라고
할 수 있다.

판적 태도를 취하고, 점진적 사회주의를 지지하면서도 사회주의 정책과 그 계획을 심리할 필요가 있다고 주장하고, 가장 우수한 선발된 소수자에 의해서만 그것이 가능하다고 주장해 여전히 엘리트주의에 빠졌다고 할 수 있다.

나아가 밀은 그러한 계획하에서 인류의 개선을 실현하도록 인류를 훈련할 수 있는지에 대해 사회주의자는 실제로 증명해야 한다고 주장했다. 사회주의가 실제로 효과 있는 제도인지를 실증해야 한다는 것이다. 이러한 관점은 밀이 과연 사회주의에 대해 전면적으로 신뢰했는지 의심스럽게 한다. 『사회주의』가 미완성에 그친 책이므로 밀이 궁극적으로 어떤 사회주의에 찬성했는지는 명확하지 않다고도 할 수 있지만, 현존 자본주의 제도보다는 우수하다고 믿었을 가능성만은 분명하다고 할 수 있다.

이처럼 밀은 혁명적 사회주의자가 아니라 점진적 사회주의자로서 그 뒤 영국에서 형성된 페이비언Fabian 사회주의의 기초를 이루었다. 밀이 1859년 발표한 『자

147

유론』은 이미 밀이 민주주의자가 아니라 사회주의자로
바뀐 뒤에 쓴 책임을 주목해야 한다. 밀은 우리가 흔히
믿듯이 반사회주의적인 자유주의자가 아니라 사회주의
적인 자유주의자라고 할 수 있다.

『자서전』

밀의 『자서전』은 우리말 번역으로 300쪽 정도의 부피에 7개장으로 구성되었다. 제1장 1806~1819년의 어린 시절과 그때에 받은 교육, 제2장 1813~1821년의 소년기에 받은 도덕적 영향, 제3장 1821~1823년의 교육의 마지막 단계와 독학의 시작, 제4장 1823~1828년의 「웨스트민스터 평론」 등을 중심으로 한 젊은 날의 활동, 제5장은 1826~1832년의 정신의 위기, 제6장 1830~1840년의 사랑, 제7장 1840~1870년의 후반기 생애의 개관이다.

밀의 『자서전』은 19세기 최고 선진이었던 영국에서 가장 진보적인 르네상스적 지성인의 성찰적인 자서전이라는 평가를 받는다. 학교 교육을 전혀 받지 않았으면서도 모든 분야에서 가장 뛰어났으며 더 나은 세상을 만들기 위해 평생을 고투한 실천적 지식인의 자기 고백이라는 점에서 이 책은 그 어떤 자서전이나 전기보다도 감동적이다. 그의 사상인 공리주의를 '천박한 실리주의'니 하며 비웃는 사람도 있지만, 밀의 사상만큼 '고상한 이상주의'도 없다. 당대의 어떤 지식인보다도 진보적인 입장에 서서 행동한 실천적 지성인이었다. 그는 우리나라에서 흔히 회자되는 빨갱이 사회주의라는 의미의 사회주의자는 아니었지만, 당시 영국에서는 가장 진보적인 사회주의자였고, 그를 잇는 단체가 영국의 페이비언협회와 노동당이다.

이 책은 그동안 여러 차례 우리말로 번역되었지만, 그 어느 것이나 충실한 번역이 아니었다. 가령 이 책의 첫 문단에 "내가 거의 모든 은혜를 받은 사람"이라는 말이 나오는데, 그 사람이 누군지 그 어떤 번역서에서도 밝힌 바가 없었다. 그 사람은 바로 밀의 부인인 해리엇 밀을 가리킨다. 해리엇은 밀의 삶과 사상에서도 중요한 사람일 뿐 아니라, 이 책의 초기 초고를 밀과 함께 수정한 사람으로서도 『자서전』의 출간에 중요한 역할을 했다.

밀은 200년도 더 전에 영국에서 태어난 사람임에도 최근 우리나라에서도 여러 번 뉴스를 탔다. 가령 인류 역사상 가장 머리가 좋았던 사람 6명을 다룬 기사에서 밀의 아이큐가 182.5로 괴테, 다빈치, 뉴턴, 라이프니츠에 이어 5위라고 했다. 아이큐라는 것을 1905년 프랑스의 심리학자 알프레드 비네Alfred Binet가 세계 최초로 개발했으니 그전에 죽은 사람들의 아이큐를 어떻게 조사했는지 의문이다. 하지만 그 근거가 된 것이 밀이 3세 때 영어를 배우고 8세까지 역사와 철학 서적을 다양하게 읽어 지식을 쌓았으며, 13세까지는 라틴어와 기하학, 대수학을 배운 조기교육이었는지 모른다. 그런 조기교육에 대해 알 수 있는 책이 바로 이 『자서전』이다. 그래서 이 책은 조기교육의 성전처럼 읽히기도 한다.

그런데 이 책에서 밀은 자신은 평균 이하라고 하면

AUTOBIOGRAPHY

BY

JOHN STUART MILL

LONDON
LONGMANS, GREEN, READER, AND DYER
MDCCCLXXIII

밀의 『자서전』은 더 나은 세상을 만들기 위해 평생을 고투한 실천적 지식인의 자기 고백이라는 점에서 그 어떤 자서전이나 전기보다도 감동적이다.

서 자신이 받은 조기교육은 누구에게나 가능한 것이라고 주장한다. 나는 이런 주장에 대해 옳고 그름을 판단할 생각이 없지만, 설령 밀의 아이큐가 그렇게 높았다고 해도 그의 아버지에 의한 조기교육이 없었다면 사상가로서 그가 대성할 수 없었을 것이라고 생각한다. 밀의 아버지는 가난한 저술가로서 저술을 하는 틈틈이 자녀 교육을 했다.

따라서 엄청난 돈이나 대단한 선생을 들여서 하는 것처럼 흔히 생각하는 우리식 조기교육이 아니었다. 그리고 그 교육 방법이란 아이에게 고전을 중심으로 독서를 하게 하고 그 뒤 함께 산책을 하면서 그 내용을 토론하는 것이었다. 따라서 이 조기교육의 핵심은 토론 교육이다. 우리식 암기 교육이나 주입식 교육이 아니다. 밀이 『자서전』에서 보여주는 토론 교육은 조기교육이든 아니든 모든 교육에 적용되어야 하는 원칙이다.

밀은 조기교육 외에도 그의 사상의 현대성 때문에 뉴스를 타기도 한다. 무엇보다도 그는 자유에 대한 고전인 『자유론』의 저자로 유명하다. 그런 밀을 언급하는 자들은 주로 보수 측이기는 하지만, 그들이 『자유론』의 핵심이 사상의 자유를 주장한 것인지를 아는지 의문이다. 19세기 밀의 주장에 의하면 21세기 한국의 국가보안법 따위는 있을 수 없는 악법이다. 그럼에도 자유라는 말 때문에 밀을 보수의 앞잡이처럼 내세워도 좋은지 의문이다. 최근 토지의 공공성을 강조하는 논의에서도 밀이 선구적으로 그런 주장을 했고 토지 소유주가 받는 지대를 불로소득이라고 비판했다는 이야기가 소개되는데, 이 점도 한국의 보수가 아는지 의문이다.

엘리트
민주주의자

──────────

『백과사전』에 밀은 영국의 '경제학자, 철학자, 사회과학
자, 사상가'로 소개되어 있으나, 한마디로 말하자면 앞
의 셋을 모두 포괄하는 의미로 마지막에 나오는 사상가
라고 할 수 있다. 왜냐하면 그는 경제학이나 철학만이
아니라, 정치학·종교학·여성학 등 다양한 분야에 정
통했기 때문이다. 밀은 그와 비슷한 시대에 오랫동안 영
국 런던에서 함께 살았던 독일 출신의 마르크스처럼 체
계적인 거대 이론을 구축하지는 못했지만, 적어도 19세

기 영국에서는 마르크스보다 중요한 사상가로서 당대의 아리스토텔레스로 불릴 정도였다. 그러나 21세기인 지금도 그러할까?

밀은 1806년에 태어나 1873년에 사망했다. 200여 년 전에 태어나 150여 년 전에 죽었다. 1806년은 조선에서는 제23대 왕인 순조 6년, 1873년은 고종 10년에 각각 해당된다. 5년 뒤인 1811년, 소위 '삼정三政의 문란' 속에서 홍경래 등이 봉건체제의 수탈에 시달리던 농민들과 더불어 중앙정부에 반기를 들었다. 홍경래의 난은 무력에 의해 이듬해 진압되었으나, 정부는 근본 수습책을 마련하지 않아 그후에도 크고 작은 농민봉기나 모반 사건이 끊임없이 계속되었다.

그런 순조 때 태어나 고종 때 죽은 우리의 사상가를 읽기란 솔직히 쉬운 일이 아니다. 우리 시대와 너무나 다르기 때문이다. 그러나 밀은 다르다. 밀이 특별히 뛰어나서 세월을 넘어서는 것이 아니라, 그가 살았던 시대가 지금 우리가 사는 자본주의의 초기였기 때문이다. 따라서 우리와 같은 시대적 고뇌를 그가 일찍이 경험하고 사유한 탓에 우리가 공감하는 바가 크기 때문이다.

그와 같은 시대를 살았다는 이유로 기억하는 다른 사람으로 누가 있을까? 밀과 같은 시대를 산 사람으로 영국에는 찰스 다윈Charles Darwin(1809~1882)과 허버트 스펜서Herbert Spencer(1820~1903), 독일에는 카를 마르크스(1818~1883)와 프리드리히 엥겔스Friedrich Engels(1820~1895)가 있다. 밀을 '얼간이'라고 부르며 경멸한 니체(1844~1900)는 한두 세대 밑의 사람이다.

밀이 죽었을 때 니체는 29세로 아직 자기 철학을 말하기 훨씬 전이었으니 생전의 밀이 니체를 알았을 리 없지만, 알았더라면 니체가 밀을 경멸한 이상으로 밀도 니체를 경멸했을 것이다. 철학사 책에는 밀이나 니체는 모두 대단한 철학자로 소개되어 있고, 그들이 서로 어떻게 보았을지에 대해서는 일언반구도 하지 않지만, 그런 책은 읽을 가치가 없다. 그런 책은 자료집에 불과한 것이지 저술이라고 할 수 없기 때문이다. 여기서는 마르크스와 비교해보자. 왜냐하면 사회주의를 경멸한 니체와 달리 밀은 마르크스와 같은 사회주의자라는 말도 듣기 때문이다.

밀은 마르크스보다 12세 연상이니 우리 식으로 말하면 띠동갑이다. 마르크스는 독일에서 태어났지만, 1849년부터 생애 후반 34년은 밀이 살았던 런던에서 지냈으니 둘이 만날 가능성도 있었으나, 서로 전혀 몰랐다. 그때 밀은 당시 영국 최고의 회사인 동인도회사에 다니면서, 마지막 연봉이 5,000파운드로 인도청 장관의 그것과 같았다. 1858년 동인도회사에서 나와서도 연간 1,500파운드라는 고액의 연금을 받는 상류 명사였으나, 마르크스는 슬럼가에서 가난하게 살고 있었다.

마르크스와 엥겔스는 이미 1848년에 『공산당 선언』을 썼고, 『자본론』 제1권이 1867년에 나왔으니 사회주의에도 관심이 깊었던 밀이 읽을 수도 있었으나, 밀은 마르크스에 대해 전혀 몰랐다. 그만큼 당시 마르크스나 엥겔스가 무명이었다고 보는 것이 옳다. 반면 이미 경제학의 태두였던 밀에 대해 마르크스나 엥겔스는 잘 알았고, 그들은 니체처럼 영국 경제학자들을 경멸했지만, 밀에 대해서는 존경을 표했다. 『자본론』에서 마르크스는 밀이 낡은 경제학적 도그마와 현대적 경향의 모순으로 인해 비난받아야 하지만, 속류경제학적 변호론자와는 혼동될 수 없다고 말했다.

경제학자로서 밀을 유명하게 한 책은 『공산당 선언』이 나온 1848년 밀이 쓴 『정치경제학 원리』였다. 이 책에서 밀은 "인류는 현재 보통 상상하는 것 이상으로 훨씬 많은 공공정신을 발휘할 수 있다"고 썼다. 밀도 사회주의를 주장했으나, 그것은 어디까지나 교육과 지성의 개혁을 축으로 하여 민주주의의 양적 확대와 함께 질적 향상도 중시한 점진적 사회주의였다. 밀이 죽고 11년 뒤에 설립된 페이비언협회가 밀의 사회주의를 이었고 그것은 노동당을 낳았다.

마르크스는 그와 마찬가지로 독일인인 막스 베버 Max Weber(1864~1920) 등과 비교되기도 하지만, 밀과 비교되는 경우는 거의 없다. 그러나 어쩌면 밀의 『자유론』과 마르크스의 『공산당 선언』은 남북한 대립으로 응집된 20세기의 냉전, 즉 소위 '자유세계'와 '공산세계'의 대립에 대응한, 19세기의 가장 중요한 문헌일지도 모른

MILL'S LOGIC ; OR, FRANCHISE FOR FEMALES.
"PRAY CLEAR THE WAY, THERE, FOR THESE—A—PERSONS"

밀은 경제학이나 철학만이 아니라, 정치학·종교
학·여성학 등 다양한 분야에 정통했기 때문에
19세기 영국에서는 아리스토텔레스로 불렸다.
특히 남녀를 불문하고 누구나 행복을 추구할 권
리가 있다고 주장했다. 여성의 선거권을 주장하
는 밀.

다. 비록 남북한은 물론 미국과 옛 소련의 대립에서 그 두 권의 문헌이 자주 들먹여지기는 했지만, 앞에서도 말했듯이 반드시 두 체제와 두 문헌 사이에 직접적인 관련이 있다고 할 수 없었다.

남한에서는 오랫동안 『공산당 선언』을 비롯한 공산주의 관련 저술의 출판은 물론 그 독서나 토론조차 금지되어왔고, 21세기라는 지금도 엄격한 의미에서 그런 행동이 국가보안법 등에 위배되는 것이 아닌지 의심스럽다. 밀은 『자유론』 등에서 무엇보다도 사상과 토론의 자유를 강조했고, 밀이 이 책을 쓸 무렵에는 공산주의 탄압이 문제되지 않았다. 당시에 그런 문제가 있었다면 그는 철저히 비판했을 것이며, 따라서 당연히 우리의 국가보안법 같은 법의 철폐를 주장했을 것이다. 마찬가지로 밀이 지금의 북한이나 구舊 공산주의 사회에 살았더라면, 우리의 국가보안법과 마찬가지인 각종 사상규제법의 철폐를 주장했을 것이다.

그런 모든 사상 규제에 대한 철폐를 가장 강력하게 주장한 책이라는 점에서 『자유론』 등은 여전히 우리에게 살아 있는 고전이다. 그러나 나는 오랫동안 밀의 가치를 인정하면서도 동시에 밀을 싫어했다. 싫어한 이유 중에서도 중요한 몇 가지를 들어보자.

첫째, 사회주의자이기도 했던 밀이 『자유론』등에서 주장한 것은 당연히 돈의 자유, 자본의 자유, 재산의 자유가 아님에도, 그런 자유만이 자유라는 식의 대한민국 대중판 '자유론'이나 자유주의의 원조가 밀인 것처럼 오해되는 분위기 탓이었다. 나아가 설령 소수 지식인 사이에서는 그렇지 않았다고 해도, 밀이 말한 사상의 자유 따위만으로 과연 우리가 본질적으로 자유로울 수 있는지에 대한 회의 탓이기도 했다. 그래서 곧잘 『자유론』을 버리고 『공산당 선언』으로 옮겨갈 수밖에 없었다. 이런 악순환은 이미 오래전인 20세기 초부터 반복되어왔는데, 이제는 그 무익한 악순환을 중단할 필요가 있지 않을까? 최소한 『자유론』과 『공산당 선언』을 자유롭게 함께 읽어 인간답게 살아야 하지 않을까?

둘째, 『자유론』등 밀의 사상에 깔려 있는 대중 경멸이나 귀족주의적인 분위기 탓이었다. 특히 대중에게서 벗어난 자유라는 『자유론』의 본론은 대중, 아니 우리가 오랫동안 민중이라고 부른 국민 다수에 대한 불신이라는 점에서 밀은 대단히 귀족주의적으로 보였다. 물론 소위 유신이나 전두환 체제라는 것도 국민투표로 정당화되었으나, 당시에는 그 민심이란 게 독재국가에 의해 조작된 허위라고 생각되었다. 그러나 대중은 물론 그 이름이 민중으로 바뀌어도 그 대중의 여론(민심)이란 것에 대한 철저한 비판적 분석 없이 우리가 민주주의라는 것을 조금이라도 제대로 해나갈 수 있을지 의문이다. 밀의 대중 비판도 그렇게 이해하면 여전히 우리에게도 유용할 수 있다.

셋째, 밀이 아버지를 이어 17세부터 52세까지 거의 평생 동안, 인도를 지배한 동인도회사 직원을 지냈다고 하는 점과 함께 『자유론』 등에 나타나는 인도나 중국을 비롯한 비서양 세계에 대한 경멸 탓이었다. 내가 중학교에 들어가서 읽은 간디와 밀의 책은 이 점에서 나에게는 극명하게 대립되는 것으로 보였고, 나로서는 당연히 간디의 책을 선택하고 밀의 책을 물리쳐야 했다.

그것은 벌써 50년 전의 일이나, 지금까지도 크게 변한 바가 없다. 말하자면 밀은 조선총독부 관리로서 '후진' 조선인에게는 전혀 자유를 인정하지 않으면서 '선진' 일본인을 위한 『자유론』을 쓴 것과 다름이 없었다는 것이다. 물론 설령 그렇다고 해도 밀 역시 자유를 무엇보다도 중요하게 생각했고, 우리도 마찬가지로 자유를 포기할 수 없으며, 적어도 현대 인도에서는 밀이 말한 자유가 우리보다는 완벽하며, 우리도 그렇게 완벽하게 나아가야 한다. 밀의 책이 유용하다면 그의 과거 경력을 꼭 문제 삼을 필요는 없다.

우리는 일본의 침략에 대해 사과를 요구했다. 그러나 그보다 먼저 일본이 사과를 해야 했다. 35년이 아니라 200년이나 식민지로 인도를 지배한 영국이 인도에 사과했다는 이야기를 들어본 적이 없다. 일본인들은 그런 영국이나 인도를 거론하면서 사과를 거부할 수도 있다. 인도나 영국을 너무나 좋아해서 우리가 일본에 사과를 요구하는 것에 대해 불만을 갖는 사람도 있을지 모른다.

영국은 인도 침략에 대해 아이들에게 가르치지도 않는다. 그래서 사람들은 대영제국이라는 게 있었고 세계를 훌륭하게 지배했지 조금이라도 나쁘게 하지는 않았다고 생각한다. 지금은 형편없이 불쌍하게 사는 영국인들을 달래주는 '제국의 꿈'을 조장하는 각종 드라마나 영화나 역사를 보고 살아간다. 그래서인지 2014년 영국의 여론조사에서 59퍼센트가 대영제국이 '자랑스럽다'고 답했고, 19퍼센트만이 제국이 저지른 악행에 대해 '부끄럽다'고 답했다. 우리나라에서 인기가 많은 니얼 퍼거슨 같은 수정주의자들의 제국주의 찬양은 사실상 미국의 제국주의를 옹호하려는 것이지만 그 뿌리는 밀에 있다.

밀의 책은 그런 대중문화와 다르다고 할 사람이 있을지 모르지만 내가 보기에는 그게 그거다. 제국주의만이 아니다. 영국의 민주주의라는 것도 그렇다. 그것은 여전히 엘리트 민주주의다. 그래서 밀은 여전히 살아 있다. 물론 영국에는 국가보안법 같은 것은 없다. 이 점에서는 사상의 자유를 부르짖은 그의 『자유론』이 영국에서는 불필요한 책일지 모른다.

그러나 머리말에서 언급했듯이 우리에게는 여전히 필요하다. 동성애를 비롯해 밀이 주장한 그 밖의 자유에 대한 요구도 이 땅에서는 유효하다. 그러나 오늘날 우리가 헬조선이라고 하면서 '개천에서 용이 난다'는 말이 사라짐을 개탄하는 것은 이미 영국에서는 오래전부터 그러했고 오랫동안 전혀 개선되지 못했음을 알아야 한다. 그런 현실을 낳은 점에 밀도 적극 기여했다.

밀이나 제임스 밀이 영국의 인도 침략을 정당화하고 그것을 위해 인도가 미개 야만이었다고 주장한 것은 참으로 터무니없는 소리였다. 지식인을 훌륭하다고 하면서 일반 시민보다도 투표 가치를 더 많이 주어야 하고 그들이 일반 시민을 이끌어야 한다고 주장한 것도 지금 우리로서는 도저히 인정할 수 없다. 해방 직후 4,200여 년 만에 처음 선거가 실시될 때 그런 말이 나올 만도 했지만 다행히도(아니면 불행히도) 그런 말은 없었다. 그때까지도 굳건히 살아남았던 양반이라는 자들이 서민들과 같은 한 표를 찍을 수 없다고 할 수는 있었는데 말이다. 그래서 아예 투표를 거부한 양반들이 있었는지 없었는지 알 수 없지만, 밀의 엘리트 민주주의가 적어도 선거 차원에서는 이 땅에 뿌리를 내리지 못해 얼마나 다행인지 모른다. 물론 해방 후 한국의 '고무신 선거' 등으로 상징되는 대중민주주의의 문제점에 대해 밀의 관점을 빌려와 비판하는 것은 얼마든지 가능하지만 어떤 식으로든 그의 엘리트 민주주의로 되돌아갈 수는 없다.

존 스튜어트 밀

ⓒ 박홍규, 2019

초판 1쇄 2019년 4월 30일 찍음
초판 1쇄 2019년 5월 8일 펴냄

지은이 ┃ 박홍규
펴낸이 ┃ 강준우
기획·편집 ┃ 박상문, 김소현, 박효주, 김환표
디자인 ┃ 최원영
마케팅 ┃ 이태준
관리 ┃ 최수향
인쇄·제본 ┃ 대정인쇄공사

펴낸곳 ┃ 인물과사상사
출판등록 ┃ 제17-204호 1998년 3월 11일

주소 ┃ 04037 서울시 마포구 양화로7길 4(서교동) 2층
전화 ┃ 02-325-6364
팩스 ┃ 02-474-1413

www.inmul.co.kr ┃ insa@inmul.co.kr

ISBN 978-89-5906-521-9 03300

값 10,000원

이 도서의 국립중앙도서관 출판예정도서목록(CIP)은 서지정보유통지원시스템 홈페이지
(http://seoji.nl.go.kr)와 국가자료공동목록시스템(http://www.nl.go.kr/kolisnet)에서
이용하실 수 있습니다. (CIP제어번호: CIP2019016429)